Familie Becker stellt mit Freude fest, dass sie sehr viele Pflanzenarten in ihrem Garten hat. Sie haben die Namen aufgeschrieben. Petra soll nun eine alphabetische Liste aller Pflanzen in diesem Garten aufstellen.

***R**osen* ***E**rdbeeren* ***N**elken* ***A**pfelbaum* ***J**ohannisbeeren*

***T**ulpen* ***D**ill* ***S**tiefmütterchen* ***B**laubeeren* ***G**urken*

***P**etersilie* ***F**lieder* ***L**inde* ***U**lme* ***H**imbeeren* ***C**hristrosen*

***K**irschbaum* ***Z**wiebeln* ***I**mmergrün* ***O**rangenbaum*

***W**alnussbaum* ***Q**uittenbaum* ***M**aiglöckchen* ***V**eilchen*

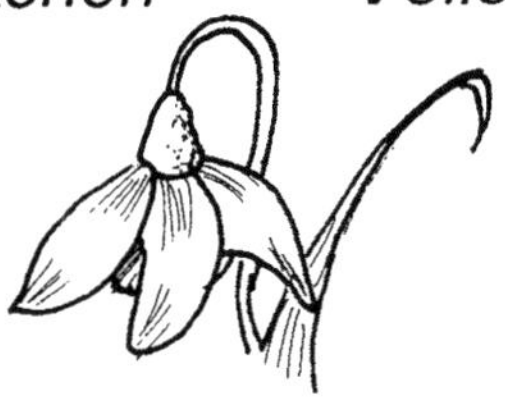

▶ 1. Ordne alphabetisch.

Apfelbaum, B... ____

____

____

____

____

Als Petra fertig ist, entdeckt sie noch folgende Pflanzen:

Schlüsselblume - Salbei - Stachelbeere - Silberpappel - Sumpfdotterblume - Spinat

Bevor sie diese in ihre Liste einfügt, ordnet sie die Wörter erst untereinander. Ihr Bruder hilft ihr.

▶ 2. Nach welchen Buchstaben muss Petra diese Wörter ordnen?

nach dem ersten ☐ *nach dem zweiten* ☐ *nach dem dritten* ☐

▶ 3. Ordne sie.

____

____

____

▶ 1. Suche im Duden das Verb (Zeitwort, Tätigkeitswort) *ruft*.

Es müsste zwischen den Wörtern ____________________ und ____________________ stehen.
Aber es steht nicht dort. Warum nicht?
Weil es die Beugeform eines Verbs ist. Du findest Verben im Duden nur im **Infinitiv** (Grundform). Dann folgen mehrere Beugeformen.

▶ 2. Wie heißt der Infinitiv von *ruft*? ____________________

▶ 3. Suche ihn im Duden. Er steht auf Seite ______, Spalte ______.

▶ 4. Suche im Duden die Infinitive zu *gesungen*, *sprach*, *gingen*, *dachte*.
Schreibe sie mit Seitenzahl und Spaltennummer auf.

Verb/Infinitiv	Seite	Spalte
gesungen		

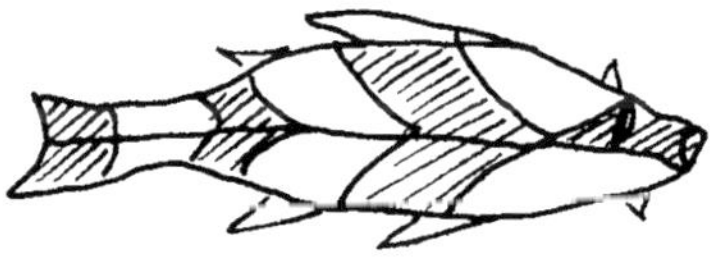

▶ 5. Susi möchte das Wort *kälter* im Wörterbuch suchen.

Da Adjektive (Eigenschaftswörter) im Wörterbuch in der **Grundform** stehen, muss sie das Wort

_____________ suchen. Es steht auf Seite ______, Spalte ______.

▶ 6. Bilde die Grundform zu *schönster, kleinster, höher, dünner, härter* und suche sie im Duden.

schönster - schön: Seite Spalte ; k...

____

____

▶ 7. Suche folgende Nomen (Substantive, Namenwörter) im Duden.

Baum: Seite _____, *Spalte* _____ *- Häuser,* ____________*: Seite* _____, *Spalte* _____ -
Mann: Seite _____, *Spalte* _____ *- Kinder,* ____________*: Seite* _____, *Spalte* _____.

▶ 8. Kreuze die richtige Antwort an.

a) *Bei Nomen ist im Duden der Singular (Einzahl) als Stichwort angegeben.* ☐

b) *Bei Nomen ist im Duden der Plural (Mehrzahl) als Stichwort angegeben.* ☐

Persen
Bd. 128. Ursula Lassert: Rechtschreibung - 5. Schuljahr

Vokale (Selbstlaute) - Konsonanten (Mitlaute)

Drei Japanesen mit dem Kontrabass
saßen auf der Straße und erzählten sich was.
Da kam die Polizei: Ja, was ist denn das?
Drei Japanesen mit dem Kontrabass.

Sicher hast du auch schon dieses Lied gesungen. Es macht besonderen Spaß, die Vokale (Selbstlaute) durch andere zu ersetzen.

Tom singt es am liebsten so:

Dro Joponoson mot dom Kontroboss
soßen of dor Stroßo ond orzohlten soch wos.
Do kom do Polozo: Jo, wos ost donn dos?
Dro Joponoson mot dom Kontroboss.

Nina singt es am liebsten so:

Dri Jipinisin mit dim Kintribiss
sißen if dir Strißi ind irzihlten sich wis.
Di kim di Pilizi: Ji, wis ist dinn dis?
Dri Jipinisin mit dim Kintribiss.

▶ 1. Schreibe auf, wie du es am liebsten singst.

____

____

____

____

▶ 2. Umkreise die Laute oben im Text, die du durch andere ersetzen kannst.

Sie heißen *V*____________ *(S*____________*)*.

Die anderen Laute heißen **Konsonanten (Mitlaute)**.

▶ 3. Hier hat ein Bösewicht die Vokale gestohlen. Kannst du dennoch die Wörter erkennen?

Btt - Fhrrd - Whnchtn - Lsbch - Gschchtn - Whnzmmr - Mntl - Blstft

____

____

____

Bd. 128. Ursula Lassert: Rechtschreibung - 5. Schuljahr

Im Zirkus steht die Seiltänzerin Renata vor ihrem Wagen. Sie ist sehr traurig. Ihr Kater Mohrle ist verschwunden. Sie muss ihn finden, sonst kann sie ihren Morgenkaffee nicht genießen. Sie sucht und sucht. Sie schaut unter jeden Zirkuswagen, unter jedes Auto. Sie sucht bei den Fohlen im Pferdezelt, bei dem lahmen Kamel Leonis, bei dem neuen Zebrapaar. Nichts. Kein Mohrle. Sie geht in das Elefantenzelt. Nanu, wer liegt denn da gemütlich auf der breiten Stirn des Elefanten Tanga? Es ist ihr Kater. „Mohrle, Mohrle! Ich hatte solche Angst um dich", flüstert Renata erleichtert.

▶ 1. Setze einen Strich unter die langen Vokale und einen Punkt unter die kurzen.

Es gibt Vokale, die durch ein Dehnungs-h, ein -e oder eine Verdopplung gekennzeichnet sind, und solche, die nicht gekennzeichnet sind.

▶ 2. Schreibe die Wörter in die entsprechende Spalte.

Vokale, die verdoppelt sind	Vokale, denen ein Dehnungs-*h* folgt	*i*, gefolgt von *e*	lange Vokale, die nicht gekennzeichnet sind
Morgenkaff**ee**	st**eh**t	d**ie**	Ren**a**ta

▶ 3. Suche die Wörter mit *ih* heraus.

▶ 4. Bilde weitere.

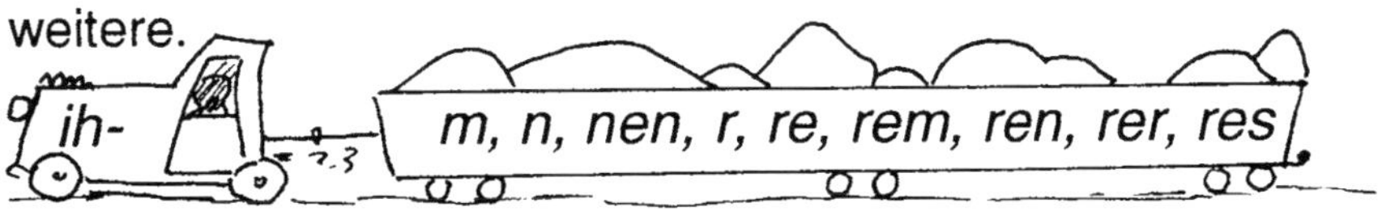

Merke: Nur die Pronomen (Fürwörter) haben das Dehnungs-*h* hinter dem *i*.

Hier sind viele Wörter mit *h*.

Sahne	*kahl*	*fliehen*	*Zahl*	*sehen*	*Verkehr*	*Reihe*
fahren	*mähen*	*wohnen*	*hohl*	*berühmt*	*gemahlen*	
zählen	*Hahn*	*kühl*	*belohnen*	*stehlen*	*ruhen*	*rühren*
nähen	*Lehm*	*kehren*	*zehn*	*unbewohnt*	*Bühne*	*blühen*
lehren	*Ohr*	*Uhr*	*ziehen*	*Rahmen*	*Verzeihung*	*Ruhm*

▶ 1. Kreise die Wörter ein, in denen das *h* kein Dehnungs-*h*, sondern ein Stammsilben-*h* ist (z.B. sehen). Es sind neun Wörter.

▶ 2. Lies die übrigen Wörter, bei denen der Vokal (Selbstlaut) durch das *h* lang wird, noch einmal sorgfältig durch. Vor welchen Konsonanten (Mitlauten) steht das *h*?

___ ___ ___ ___

▶ 3. Beschrifte die Tabelle und schreibe die Wörter hinein.

hl	__ __	__ __	__ __
kahl, ...			

▶ 4. Schreibe jeweils die zusammengehörenden Wortpaare auf.

Fehler - Lähmung - wohnen - sehnen - drahtig - Gefahr - Höhle - Fahrt - Wohnung -

gefährlich - hohl - fehlen - Draht - lahm - Sehnsucht - fahren

Das Dehnungs-*h* bleibt in allen Formen des Wortes erhalten.

Persen

Bd. 128. Ursula Lassert: Rechtschreibung - 5. Schuljahr

Ähnliche Wörter mit und ohne Dehnungs-*h*

Lena malt ein Bild.

Peter mahlt Getreidekörner.

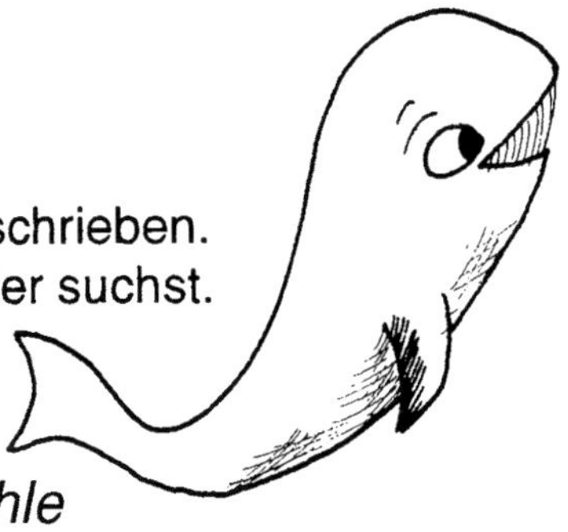

Manche Wörter werden gleich ausgesprochen, aber verschieden geschrieben. Du musst sie einfach lernen. Oft hilft es dir, wenn du verwandte Wörter suchst.

▶ 1. Ergänze die fehlenden Wörter.

Wahl - male - war - Wal - wahr - mahle

Ich __________ ein schönes Bild. Er __________ in den Alpen. Das ist nicht __________. Der __________ ist größer als ein Delfin. Petra ist Klassensprecherin geworden, denn sie hat die __________ gewonnen.

▶ 2. Verbinde, was zusammengehört.

malen	*bin*	*Malerei*	*Mehl*
Wähler	*Wahrheit*	*gewesen*	*wahrscheinlich*
war	*Denkmal*	*Mahlzeit*	*Wahltag*
wahr	*Mühle*	*wahrhaftig*	*sein*
mahlen	*Wal*	*Walfang*	*Kunstmaler*
Walherde	*wählen*	*Wahl*	*Blauwal*

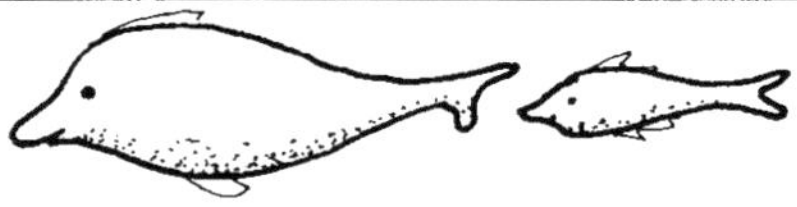

▶ 3. Suche mindestens 10 Wörter zur Wortfamilie *fahren*.

____

____

▶ 4. Bilde Wörter mit *Ur - Uhr*. Schlage weitere im Duden nach.

Ur-: *großeltern*, *einwohner*, *form*, *sache*

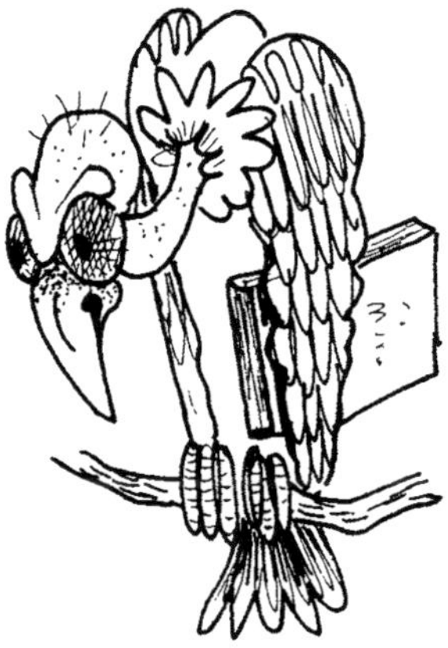

Uhr-: *werk*, *macher*, *kasten*, *zeiger*

____

____

Bd. 128. Ursula Lassert: Rechtschreibung - 5. Schuljahr

▶ 1. Kannst du reimen?

vier

T- ______
B- ______
St- ______
Pap- ______
h- ______
Kla- ______

gießen

fl- ______
sch- ______

Schiefer

K- ______
t- ______

Fliegen

w- ______
l- ______
b- ______
Z- ______

Diele

v- ______
Z- ______

schief

Br- ______
r- ______
t- ______

Biene

M- ______
Sch- ______

▶ 2. Ergänze das Präteritum (Vergangenheit) der folgenden Verben (Zeitwörter, Tätigkeitswörter).

schreiben - schlafen - bleiben - rufen - schreien - lassen - schweigen

Inge ______ drei Wochen. Klaus ______ seiner Freundin. Das Affenbaby ______ tief und fest. Die Kinder ______ den Vogel frei. Großvater ______ das Enkelkind zu sich. Der Verletzte ______ auf. Das beleidigte Mädchen ______ den ganzen Tag.

▶ 3. Ergänze *-ieren.*

rad______ *prob______* *spaz______* *stud______*
dikt______ *fris______* *buchstab______*
telefon______ *gratul______* *kass______*

▶ 4. Bilde die 1. und 2. Person Präsens (Gegenwart) der Verben aus Aufgabe 3.

ich radiere, du radierst; ich ______________________________

____

____

____

Es gibt Wörter, bei denen dem i kein Dehnungs-*h* und kein -*e* folgt. Die meisten von ihnen kommen aus fremden Sprachen.

▶ 1. Löse das Kreuzworträtsel.

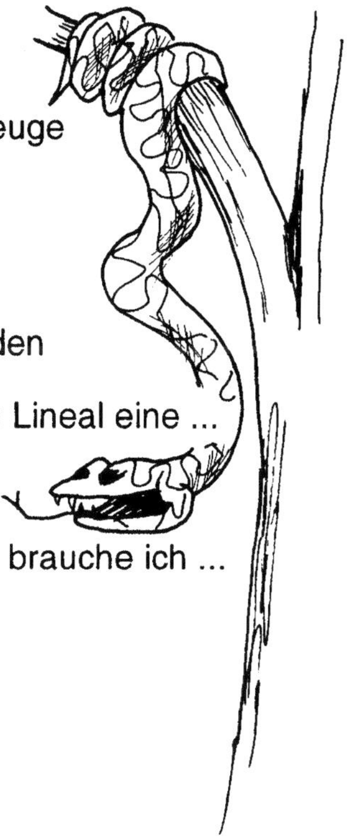

1. Vater, Mutter, Kind sind eine ...
2. Tier mit gestreiftem Fell
3. unterirdischer Gang im Bergwerk
4. Gewichtseinheit
5. Augendeckel
6. stacheliges Tier
7. Zeichengerät zum Ziehen gerader Linien
8. Mädchenname
9. Warngerät, Nebelhorn
10. Nagetier, das im Wasser lebt
11. Treibstoff für Fahrzeuge
12. kleines Nagetier
13. Mädchenname
14. Frucht aus dem Süden
15. Ich zeichne mit dem Lineal eine ...
16. Mädchenname
17. Wenn ich krank bin, brauche ich ...
18. die Heilige Schrift
19. Jungenname

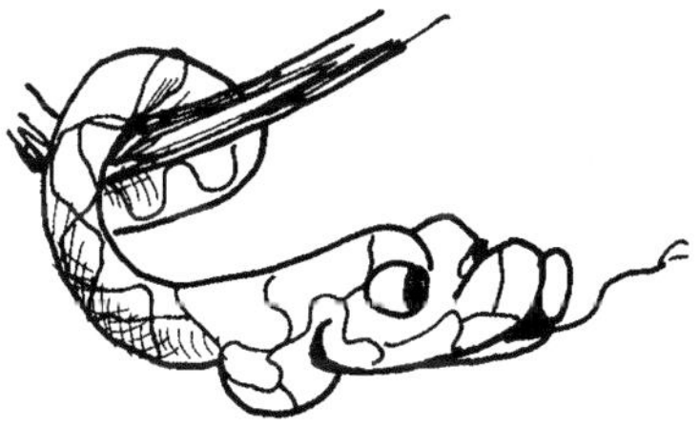

▶ 2. Schreibe die Lösungswörter mit dem Artikel (Geschlechtswort, Begleiter) in dein Heft.

Bd. 128. Ursula Lassert: Rechtschreibung - 5. Schuljahr

▶ 1. Bilde Wörter mit *-ine* und trenne sie.

Masch — *Maschine, Ma - schi - ne*
Apfels — ______
Margar — ______
Wilhelm — ______
Ros (+*ine*) = ______
Law — ______
Gard — ______
Vitr — ______
Kant — ______
Mandar — ______

▶ 2. Ordne die Wörter aus Aufgabe 1 dem Alphabet nach.

______
______
______
______

▶ 3. Ergänze das richtige Wort: *Lid* oder *Lieder.*

_____*schatten* _____*strich* _____*macher*
_____*abend* _____*buch* _____*rand*

▶ 4. *wieder-* oder *wider-*? Ergänze.

______*holen (V)* ______*sprechen ( )* ______*schein ( )* ______*stand ( )*
______*kehr ( )* ______*käuen ( )* ______*bekommen ( )* ______*spenstig ( )*
______*aufbau ( )* ______*sehen ( )* ______*wille ( )* ______*lich ( )*

▶ 5. Schreibe hinter jedes Wort von Aufgabe 4, ob es ein Verb (Zeitwort, Tätigkeitwort), ein Adjektiv (Eigenschaftswort) oder ein Nomen (Namenwort) ist. Benütze die Abkürzungen V/A/N.

▶ 1. Suche Reimwörter.

die Fee	***das Gelee***	***das Meer***
der T___	*die All___*	*der T____*
der S___	*der Porr___*	*der Sp____*
die Spr___	*der Kaff___*	*das H____*
der Kl___	*die Arm___*	*l____*
der Schn___		

▶ 2. Bilde Wörter. Schreibe sie mit dem Artikel (Geschlechtswort, Begleiter) auf.

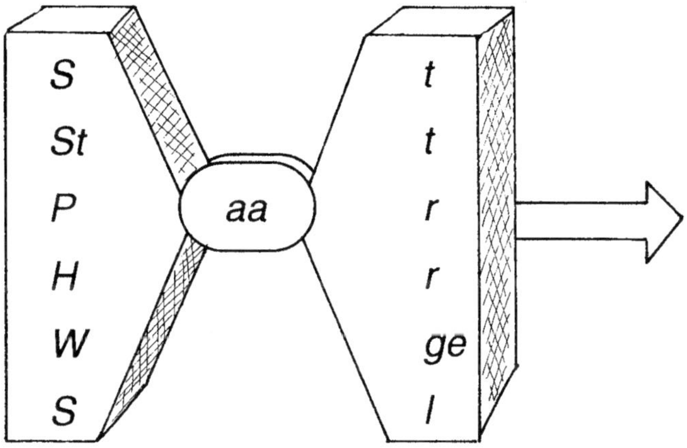

die Saat, ____________________

____

____

____

____

▶ 3. Kannst du das Rätsel lösen?

1. niedrige Pflanzenart
2. kleines Schiff
3. langer Fisch
4. Frucht
5. Tierpark
6. großer Raum
7. unsichtbarer Teil des Menschen
8. alter Name für Adler
9. Sumpf
10. Getränk
11. totes Tier
12. Blumen pflanzt man auf ein ...
13. Sache entnehmen
14. Märchenfigur

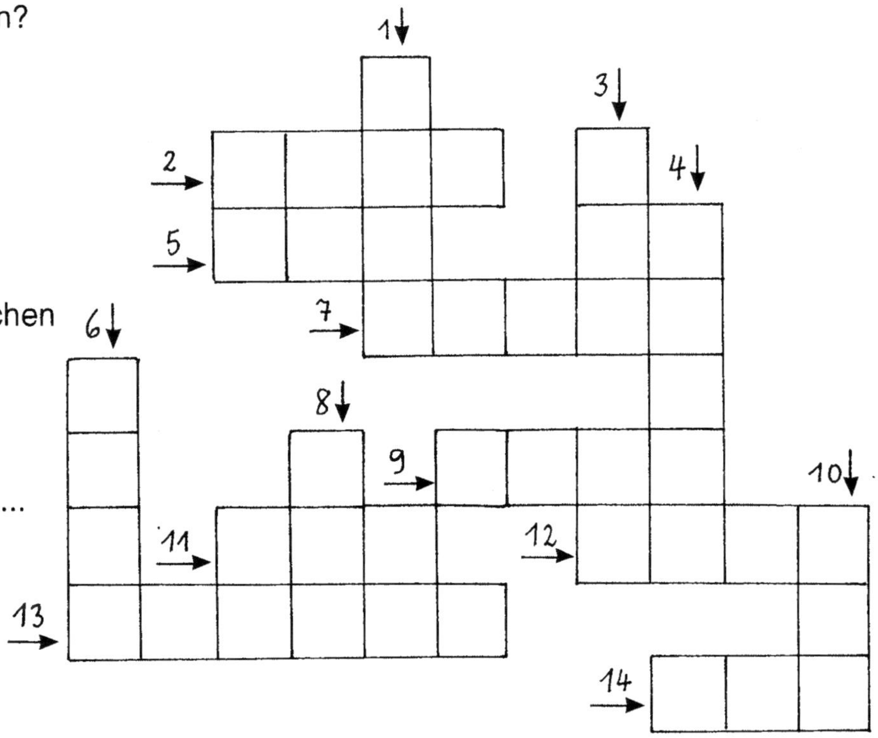

Im grünen Klee sitzt eine kleine Fee.
Erschöpft trinkt sie jetzt heißen Tee.
Sie zaubert den ganzen Morgen.
Nun hat sie nichts als Sorgen.
Die Wörter geben keinen Sinn.
Schau sie dir an, schau richtig hin.

Kaffeepaar *Blumenzoo* *Teeboot* *Meerhexe*

Kleintierbeet *Briefblatt* *Ehekanne*

Moorjungfrau *Ruderfilter* *Kleewaage*

▶ 1. Schreibe die richtigen Zusammensetzungen mit Artikel (Geschlechtswort, Begleiter) auf.

der Kaffeefilter, ______________________________

____

____

____

▶ 2. Ergänze.

Bei der Verkleinerung entfällt der 2. Vokal:

aus Haar wird Härchen,

aus Paar wird __________,

aus Saal wird __________,

aus Boot wird __________.

▶ 3. *Paar* oder *paar?* Setze das passende Wort ein.
Ein Paar Schuhe, aber *ein paar Tücher.*

ein _______ *Handschuhe, ein* _______ *Taschentücher, ein* _______ *Strümpfe,*

ein _______ *Hemden, ein* _______ *Pantoffeln, ein* _______ *Brötchen,*

ein _______ *Ohrringe, ein* _______ *Pullover, ein* _______ *Socken,*

ein _______ *Sandalen, ein* _______ *Kartoffeln, ein* _______ *Turnschuhe.*

▶ 1. Es gibt lange und kurze Vokale. Lies den Text laut.

Jan Hummel ist Zauberer im Zirkus Rocko. Er schaut auf die Uhr, die an der Wand des Zirkuswagens hängt. Er stöhnt. O weh, fast zu spät. Schnell nimmt er seine Perücke und seinen Hut. Mit großen Schritten geht er zum Zelt. Als er es betritt, wird sein Auftritt gerade angekündigt.

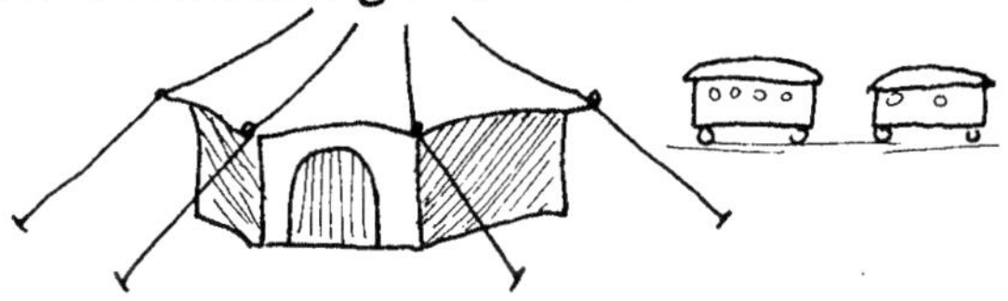

▶ 2. Setze unter die kurzen Vokale einen Punkt, unter die langen einen Strich.

▶ 3. Lies noch einmal die Wörter mit den kurzen Vokalen. Schreibe in jede der folgenden Spalten fünf hinein.

Kurze Vokale, die vor doppelten Konsonanten stehen	Kurze Vokale, die vor mehreren Konsonanten stehen	Kurze Vokale, die *nicht* gekennzeichnet sind

▶ 4. Suche in anderen Texten mindestens 15 Wörter, bei denen die Vokale kurz gesprochen werden, obwohl sie nicht gekennzeichnet sind.
Schreibe sie auf. Kreise den kurzen Vokal mit einem Farbstift ein.

Doppelkonsonanten (Doppelmitlaute) I

▶ 1. Bilde Wörter.

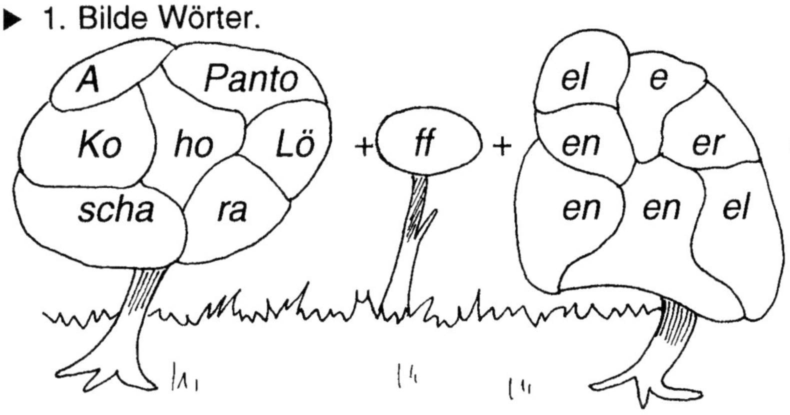

=

▶ 2. Suche die Verben (Zeitwörter, Tätigkeitswörter) heraus und schreibe sie auf.
Schreibe sie auch in der 2. Person Singular (Einzahl).

Ein verdoppelter Konsonant bleibt in allen Formen des Wortes erhalten.

▶ 3. Schreibe die Nomen mit den dazupassenden Verben auf.

Fall - Gewinn - Spott - Kamm - Wette - Zerrung - Schall

Fall, fallen

▶ 4. Wer findet die Wörter am schnellsten? Schreibe mit deinem Nachbarn um die Wette.

Bulle, ...

Bd. 128. Ursula Lassert: Rechtschreibung - 5. Schuljahr

▶ 1. Suche Reimwörter.

Watte	Kamm	Tanne	Rippe
R...	L...	K...	L...
M...	Schw...	Pf...	W...
L...	D...	P...	S...

▶ 2. Ergänze die Verkleinerung von Kamm, Schwamm, Suppe, Puppe, Pfanne, Kanne, Bett, Blatt.

Schneewittchen hinter den sieben Bergen
hilft fleißig den sieben Zwergen.
Sie kämmt sich mit einem ____________________.
Sie wäscht sich mit einem ____________________.
Sie kocht ihnen ein ____________________
und spielt mit ihren ____________________.
Sie brät Eier in einem ____________________.
Sie gießt den Tee aus einem ____________________.
Sie schüttelt kräftig aus die ____________________.
Im Garten sammelt sie die trockenen ____________________.
Sie macht alles schön und nett,
ist stets sauber und adrett.

▶ 3. Bilde zusammengesetzte Wörter.

brennen + Holz = Brennholz

fallen + Obst = ____________________

knallen + Bonbon = ____________________

schwimmen + Bad = ____________________

steppen + Decke = ____________________

treffen + Punkt = ____________________

Bd. 128. Ursula Lassert: Rechtschreibung - 5. Schuljahr

ck steht **nur** nach kurzen Vokalen (Selbstlauten). Nach Konsonanten (Mitlauten) und langen Vokalen steht nur *k*.

▶ 1. Zeichne einen Punkt unter die kurzen Vokale, einen Strich unter die langen.

knacken, Jacke, stricken, Kuckuck,

Schokolade, Backe, Haken, Zacke, Ekel, Schicksal, welk, Ecke,

flink, Mark, Geschmack, schlank, Gurke, Strick, Spuk.

▶ 2. Schreibe die Wörter mit *ck* aus Aufgabe 1 auf.

___

___

___

▶ 3. Suche die passenden Nomen (Substantive, Namenwörter) zu den folgenden Verben.

blicken - der Blick ___ *drücken -* ___

rücken - ___ *schmecken -* ___

wecken - ___ *schmücken -* ___

stricken - ___ *erschrecken -* ___

entdecken - ___

▶ 4. Ergänze *ck*. Schreibe die Wörter in die richtige Spalte.

De__e Bä__erei De__farbe Bä__ersfrau Ba__pflaume

De__enbeleuchtung Ba__stein Dachde__er aufba__en aufde__en

Ba__blech zude__en überba__en De__weiß

Wortfamilie *backen*	Wortfamilie *decken*
Bäckerei, ...	

▶ 6. Bilde einen lustigen Satz, in dem du ganz viele *ck*-Wörter gebrauchst, z.B. *Der dicke Bäcker malt mit schrecklich dickflüssigem Deckweiß die Decke der Backstube an.*

Wie das *ck* steht auch das *tz* nur nach kurzen Vokalen (Selbstlauten). Nach Konsonanten (Mitlauten) und langen Vokalen steht immer ein *z*.

Spatz *Herz* *Sitz* *ganz* *Reiz*
Satz *schmilzt* *stolz* *Spitze*
Kranz *Platz* *Arzt* *kurz*
setzen *schmerzen* *Fratze*
Pfütze *witzig* *Ozean*

▶ 1. Suche die Wörter mit *tz* heraus. Schreibe sie mit dem Artikel (Begleiter, Geschlechtswort) auf. Kreise *tz* ein.

der Spatz, ____________________

____

▶ 2. Suche Reimwörter.

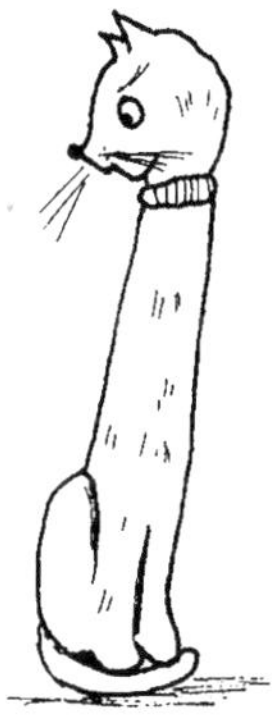

Blitz	*Fr*_____	*Sp*_____
*S*_____	*K*_____	*Schatz*
*W*_____	*Tatze*	*S*_____

▶ 3. Wie heißen die Verben (Zeitwörter, Tätigkeitswörter)? Schreibe sie auf.

itzen: *schw*, *r*, *fl*, *bes*, *spr*, *bl*, *s*

etzen: *f*, *verl*, *w*, *p*, *s*, *h*

____

____

____

▶ 4. Schreibe acht der Wörter aus Aufgabe 3 in der 1. und 3. Person Singular (Einzahl) Präsens (Gegenwart) in dein Heft. Z.B. *ich schwitze, er schwitzt.*

Nach *l, n, r,* das merke ja, steht **nie** *tz* und nie *ck*.

▶ 1. Schreibe die Wörter in die richtige Spalte.

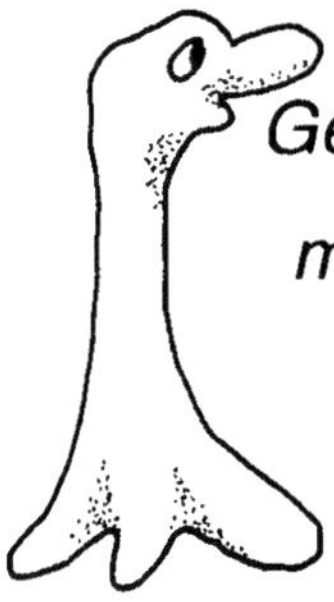

Geschenk Kalk Ekel welken wirken Stärke Laken
melken flink stark blöken danken Haken lenken
Keks Werken winken Schalk Korken Balken

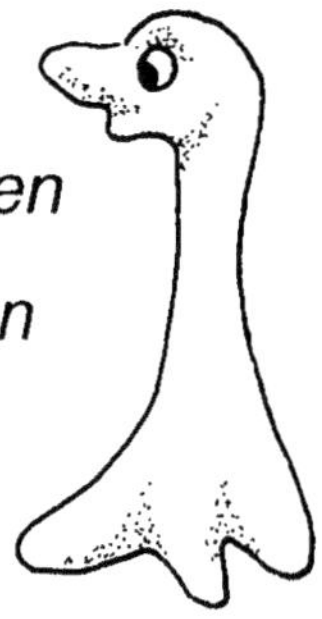

nk	*lk*	*rk*	*langer Vokal + k*
Geschenk			

Nach ______, ______ und ______ steht **immer** *k*, **nie** *ck*.
Nach einem langen Vokal steht meistens ein *k*.

▶ 2. Folgende Wörter bilden die Ausnahme. Sie werden mit *k* geschrieben, obwohl der Vokal (Selbstlaut) kurz gesprochen wird. Sie kommen aus fremden Sprachen.

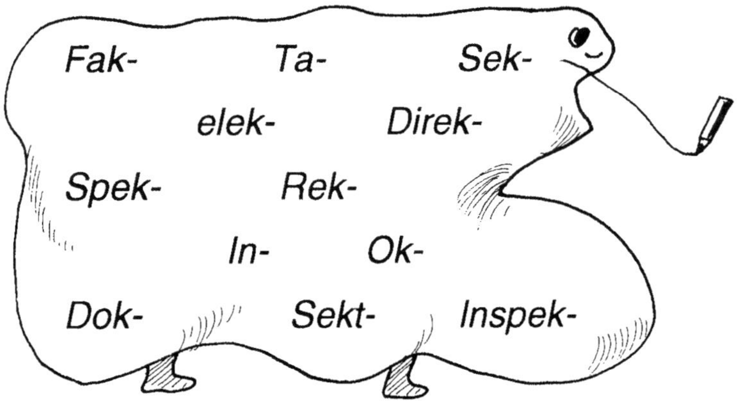

____

____

____

____

____

▶ 1. Setze *z* ein.

Wur__eln, hei__en, Wal__er, pur__eln, Ran__en, gei__ig, Ar__t, stür__en, tan__en, schmel__en, Schür__e, Wan__en, wür__en, Pflan__e, glän__en, Ker__e, Gren__e, grun__en, spa__ieren.

▶ 2. Schreibe die Verben (Zeitwörter, Tätigkeitswörter) heraus. Schreibe die 2. und 3. Person Singular (Einzahl) Präsens (Gegenwart) dazu.

heizen - du heizt, er heizt, ____________________

▶ 3. Bilde Wörter.

Mär - Sal- Schmer- Prin- Her- Hol- gan- Tan- Pel- Fran- Kran- Gei-

z

▶ 4. Schreibe alle *z*-Wörter in die richtige Spalte.

lz	*nz*	*rz*	*langer Vokal + z*
Holz, ...			

Nach *l, n, r* und langem Vokal (Selbstlaut) steht **immer** *z*, **nie** *tz*.

▶ 1. Setze *ä* ein.

t__tig m__chtig Sch__fer m__ßig schl__frig __ngstlich

h__sslich B__cker qu__len n__hen l__stig n__rrisch

▶ 2. Suche dazu verwandte Wörter mit *a*.

tätig - Tat, ____

____

____

____

▶ 3. Woher kommen die folgenden Adjektive (Eigenschaftswörter)?

ängstlich - Angst, kränklich - __________, schwächlich - __________,

täglich - __________, zärtlich - __________, länglich - __________,

gefährlich - __________, hässlich - __________, schändlich - __________,

kläglich - __________.

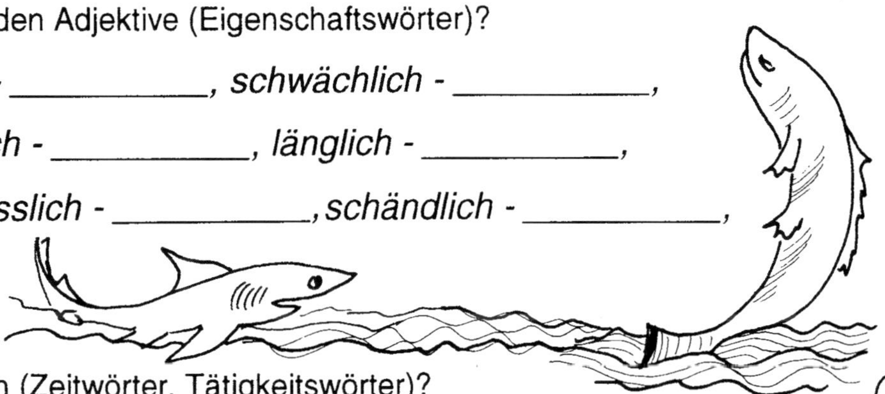

▶ 4. Woher kommen die Verben (Zeitwörter, Tätigkeitswörter)?

nähren - __________, aushändigen - __________, kämmen - __________,

zählen - __________, abhärten - __________, quälen - __________.

▶ 5. Bilde die 2. und 3. Person Singular (Einzahl) Präsens (Gegenwart) der folgenden Verben.

raten, tragen, waschen, schlagen, halten, backen, graben, fallen

raten - du rätst, er rät; ____

____

____

____

▶ 6. Suche mindestens acht Wörter der Wortfamilie *Kälte*. Benutze den Duden.

____

____

____

____

▶ 1. Lies die folgenden Wörter laut.

säen - sehen
Gräte - Grete
Säge - Segen
zäh - Zeh

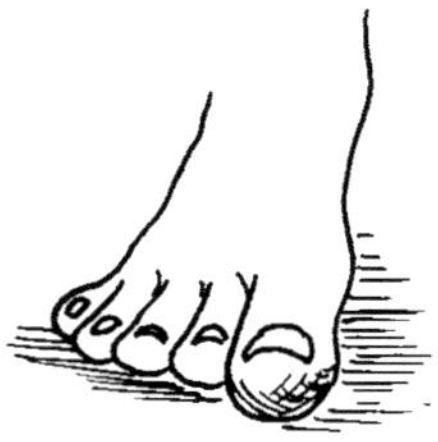

Wälle - Welle
Stränge - Strenge
Lärche - Lerche
Fälle - Felle

Folgt auf *ä* ein einzelner Konsonant (Mitlaut), so kann man den Unterschied zwischen *ä* und *e* meistens hören.
Vor mehreren Konsonanten klingen *ä* und *e* gleich.

▶ 2. Bilde den Plural (Mehrzahl).

Ball - __________ *Fall -* __________ *Sack -* __________

Kamm - __________ *Garten -* __________ *Schwamm -* __________

▶ 3. Suche den Infinitiv (Grundform) zu:

er fällt - fallen __________ *du trägst -* __________ *sie schlägt -* __________

er fährt - __________ *du schläfst -* __________ *sie wäscht -* __________

er hält - __________ *sie fängt -* __________ *du rätst -* __________

▶ 4. Steigere die Adjektive (Eigenschaftswörter).

kalt - kälter __________ *schwach -* __________

hart - __________ *alt -* __________

warm - __________ *nah -* __________

scharf - __________ *arm -* __________

ä ist in vielen Wörtern der Umlaut von *a*.

▶ 5. Hier sind Wörter, die keine verwandten Wörter mit *a* haben.

ein Werkzeug: S . . e, Monat: M . . z, eine erfundene Geschichte: M . . . . . n,

unangenehmes Geräusch: L . . m, ein Krabbeltier: K . . . r,

Gegenteil von vorwärts: r . . . . s, Milchprodukt: K . . e.

▶ 1. Verbinde die verwandten Wörter.

Mauer *Raub* *außen* *laut* *Räuber*
Bauer *Gemäuer* *Geläute* *äußerlich* *saugen* *Bäuerin*
Fräulein *Säure* *Rauch* *rauschen* *Frau*
Geräusch *sauer* *räuchern* *Säugling*

▶ 2. Schreibe sie auf.

Mauer - Gemäuer, ______________________________

____

____

____

▶ 3. Bilde den Plural (Mehrzahl).

Haus - Häuser *Laus* - __________ *Bauch* - __________
Traum - __________ *Strauch* - __________ *Haut* - __________
Maus - __________ *Baum* - __________ *Schlauch* - __________

▶ 4. Zaubere die Sachen klein.

Aus dem Haus wird ein Häuschen.
Aus der Maus wird ein __________.
Aus der Laus wird ein __________.
Aus dem Schlauch wird ein __________.
Aus dem Baum wird ein __________.
Aus der Frau wird ein __________.
Aus dem Bauch wird ein __________.
Aus der Mauer wird ein __________.

äu ist fast immer der Umlaut von *au.*

Wenn es kein verwandtes Wort mit *au* gibt, steht meistens *eu*.

▶ 1. Suche Reimwörter.

Leute	*Eule*
*h*_______	*K*_______
*B*_______	*B*_______

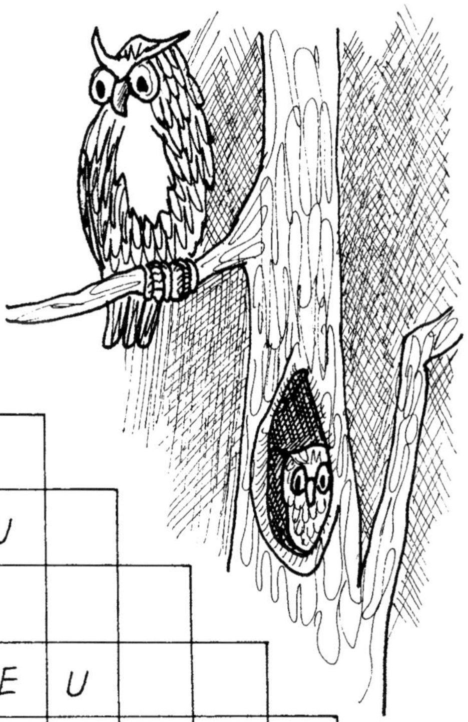

▶ 2. Löse das Rätsel.

1. *abgeschnittenes Gras*
2. *Sachen*
3. *christliches Symbol*
4. *Massenerkrankung*
5. *Haus, in dem die Ernte aufbewahrt wird.*
6. *lügen*
7. *Wurfgeschoss*

1		E	U						
2		E	U						
3			E	U					
4		E	U						
5				E	U				
6		E	U						
7					E	U			

▶ 3. Setze die richtige Form des Verbs (Zeitwort, Tätigkeitswort) in die Lücke.

seufzen (2) - *leugnen* - *heucheln* - *streuen* - *vergeuden* - *verscheuchen* - *verleumden* - *keuchen*

Das Gespenst ___________ tief und verschwand durch die Wand. Es eilte ___________ durch die langen Gänge, ___________ ein wenig Schießpulver hierhin und dorthin, __________ die Mäuse und Ratten mit seinem lauten Gepolter und landete schließlich mit einem letzten Seufzer in der kleinen Dachkammer.

Hätte es zu seinen Lebzeiten als Ritter Fridolin doch nur nicht seinen kranken Bruder ___________ und all sein Geld ___________, vielleicht müsste es dann jetzt nicht als Gespenst umherirren. Der Ritter Fridolin von Haus Stolzenfels hatte seine Untaten ___________ und Freundlichkeit gegen jedermann ___________. Aber es half nichts. Man schlug ihm den Kopf ab und verfluchte ihn für 800 Jahre. Noch einmal ___________ das Gespenst tief, dann stieg es in seine Schlafstube und schlief ein.

▶ 1. Löse das Silbenrätsel.

kä	-	*Kai*	-	*Kai*	-	*Kai*	-	*Mai*	-	*Mai*	-	*Mai*	-	*Sai*	-	*Tai*	-	*Tai*	-	*Thai*	-	*Wai*	-	
fun	-	*ga*	-	*land*	-	*land*	-	*fer*	-	*man*	-	*nau*	-	*ro*	-	*se*	-	*ser*	-	*te*				

1. *Stadt in Italien* _ _ _ _ _ _ _
2. *Hauptstadt von Ägypten* _ _ _ _ _
3. *Krokodilart in Südamerika* _ _ _ _ _ _
4. *Insel im Bodensee* _ _ _ _ _ _
5. *Käferart* _ _ _ _ _ _ _ _
6. *Waldgebiet in Sibirien* _ _ _ _ _
7. *tropischer Wirbelsturm in Südamerika* _ _ _ _ _ _
8. *elternloses Kind* _ _ _ _ _
9. *Teil einer Geige* _ _ _ _ _
10. *Herrscher* _ _ _ _ _ _
11. *Land in Ostasien* _ _ _ _ _ _ _ _

▶ 2. Was ist das? Schreibe die Erklärung auf.

Mai - der fünfte Monat im Jahr.

Main - ____________________

Mais - ____________________

Kai - ____________________

Hai - ____________________

Hain - ____________________

Laich - ____________________

Laie - ____________________

▶ 3. Suche mindestens acht Wörter der Wortfamilie *Kaiser*.

____

____

____

____

▶ 1. Ergänze die fehlenden Buchstaben.

Sie war in großer Ei_ _.

Sie blieb nur eine kleine _ ei _ _.

In einem Buch steht nicht nur eine _ ei _ _.

Eine Maßeinheit in England ist die _ ei _ _.

Ein Streichinstrument ist die _ ei _ _.

Das Gegenteil von mutig ist _ ei _ _.

Kühe und Schafe sind im Sommer auf der _ ei _ _.

Ein sandiges unbebautes Gebiet ist die _ ei _ _.

Ein kostbarer Stoff ist die _ ei _ _.

Zum Kleben nimmt man _ ei _.

Zum Dichten braucht man einen _ ei _.

Enten schwimmen auf dem _ ei _ _.

Das Gegenteil von hart ist _ei _ _.

Ein anderes Wort für sauber ist _ ei _.

Ein großer Fluss in Deutschland ist der _ _ ei _.

▶ 2. Setze das Präteritum (Vergangenheit) ein.

schreiben - reiben - weisen - schreien - treiben - steigen - bleiben - scheinen

Ich __________ einen Brief. Er __________ auf das Schild. Das Baby __________.
Der Hirte __________ die Herde zum Wasser. Die Bergsteigerin __________ den Berg hinauf. Die Sonne __________. Sie __________ sich vergnügt die Hände.
Er __________ bis zum Abend.

▶ 3. Schreibe die Verben (Zeitwörter, Tätigkeitswörter) in der 2. Person Singular (Einzahl) Präteritum (Vergangenheit).

du schriebst, ____

____

____

▶ 4. Suche dir drei Verben aus Aufgabe 3 aus und bilde sinnvolle Sätze.

____

▶ 1. Wie kannst du feststellen, ob die folgenden Verben (Zeitwörter, Tätigkeitswörter) mit *b* oder *p* geschrieben werden?

Peter wurde von seinem Lehrer gelo_t.

Der kleine Hund wurde von der ganzen Familie gelie_t.

Jan hatte seinem Freund fest geglau_t.

Er hat viele Jahre im Urwald gele_t.

Sie hat ein kleines Schloss geer_t.

An der Aussprache ☐ An dem Infinitiv (Grundform) ☐

▶ 2. Suche die Infinitive zu den Verben der Aufgabe 1.

gelobt - loben, ... ______________________________

____

____

▶ 3. Suche die 2. Person Singular (Einzahl) Präsens (Gegenwart) zu folgenden Verben.

heben - schrauben - geben - schieben - schaben - schweben

du hebst, ______________________________

____

▶ 4. Suche verwandte Wörter, die dir zeigen, dass das Wort mit *b* geschrieben wird.

habgierig - *haben* ______ *Schubkarre -* ______ *erblich -* ______

Klebstoff - ______ *Raubtier -* ______ *Webrahmen -* ______

lieblos - ______ *Erlaubnis -* ______ *lebhaft -* ______

Ein *b* im Infinitiv (Grundform) bleibt in allen Verbformen ein *b*.
Auch die verwandten Wörter werden dann mit *b* geschrieben.

▶ 5. Die Vorsilbe *ab-* verändert den Sinn der Wörter. Bilde neue Verben.

blättern - *abblättern* ______ *schieben -* ______

biegen - ______ *geben -* ______

blenden - ______ *legen -* ______

blasen - ______ *weisen -* ______

▶ 1. Suche Reimwörter.

Klaps *Schlips*

*Schn*_______ *F*_______

*R*_______ *G*_______

▶ 2. Löse das Rätsel.

1. *anderes Wort für Alm*
2. *eine Ölpflanze*
3. *Kopf*
4. *Behältnis, Hülle für Arzneimittel*
5. *Wannenverschluss*
6. *Monat im Jahr*

▶ 3. Suche die Infinitive (Grundformen) zu:

piepst - hopst - stülpt - knipst - schnappt - zirpt - pumpt

piepst - piepsen, ______________________________

____

▶ 4. Fülle die Tabelle.

klopfen - plump - Tipp - passen - knapp - Kapuze - platzen - prüfen - Kasper - schlapp - Papier - prügeln - Knirps

P-/p-	*-p-*	*-p*
plump		

Im Auslaut und vor Konsonanten (Mitlauten) klingt *d* fast wie *t*.

▶ 1. Werden die folgenden Wörter mit *d* oder *t* geschrieben?
Prüfe es durch Verlängerung. Dann ergänze den fehlenden Buchstaben.

Freun_ (Freunde) - Aben_ (________) - Bar_ (________) - Ban_ (________) - Wal_ (________) - Lan_ (________) - Flu_ (________) - Ba_ (________) - gesun_ (________) - Hun_ (________) - har_ (________) - lau_ (________) - Lie_ (________)

▶ 2. Schreibe die Wörter in alphabetischer Reihenfolge auf.

____

____

▶ 3. Schreibe die Verben (Tätigkeitswörter) als Partizip Präsens (Mittelwort der Gegenwart).

leben - lebend, gehen - __________, laufen - __________, stricken - __________, schreiben - __________, lachen - __________, singen - __________.

▶ 4. Suche im Duden zehn Wörter mit *d* im Anlaut.

dort, ____

____

▶ 5. Sind die Vokale (Selbstlaute) vor *d* kurz oder lang? Setze unter die kurzen Vokale einen Punkt, unter die langen Vokale einen Strich.

jede, laden, edel, Made, Gedanke, Mädchen, Leder, Idee, Mode, öde.

▶ 6. Suche sechs Wörter zur Wortfamilie *Ende*.

endgültig, ____

▶ 7. Setze *d* (6) oder *t* (11) ein.

Er geh_ zur Bank, um Gel_ zu holen. Pe_er wir_ 8 Jahre al_. Der Wir_ bestell_ fünf Fässer Ro_wein. Heu_e is_ es sehr kal_. Bal_ wir_ _ie ural_e Eiche im Stadtwal_ gefäll_.

Oft wird das *t* als Bindelaut gebraucht. Das *t* wird eingeschoben zwischen Stamm und Endung (*hoffen-t-lich)*

▶ 1. Bilde solche Wörter.

wissen

offen (!)

eigen *+ t + lich =*

Orden

Wochen (!)

gelegen

▶ 2. Suche Wörter zur Wortfamilie *Statt.*

an - den - fin - ge - haft - hal - lich - statt - statt -

statt - statt - statt - statt - Statt - ten - ter - Werk

gestatten,

▶ 3. Die Vorsilbe *ent-* verändert den Sinn der Wörter. Bilde neue Wörter.

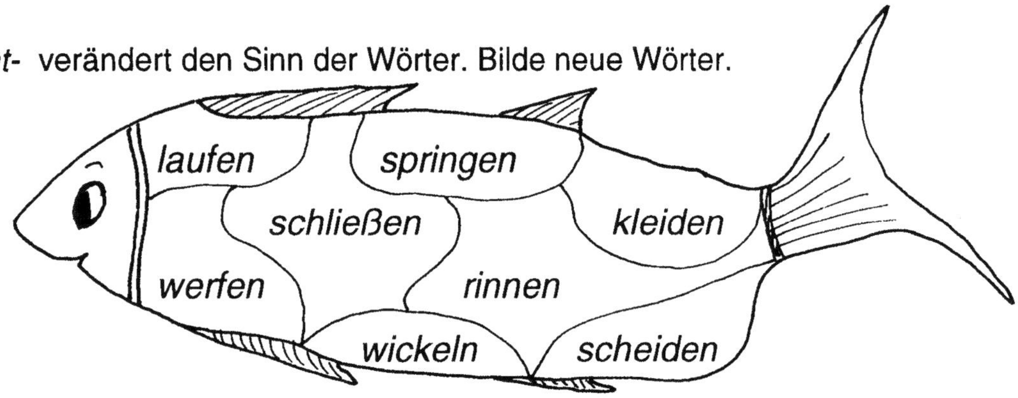

▶ 4. Suche im Duden vier Zusammensetzungen mit *Tod/tod* und vier mit *tot.*

▶ 1. Ergänze *g* oder *ch*.

Krani__ lusti__ mehli__ Pfirsi__ Ludwi__ Käfi__ Retti__ Enteri__

Predi__t nöti__ Teppi__ es re__net Ma__t er re__net He__t Essi__

Dicki__t Zwer__ Kuchentei__ Zwer__fell allmähli__ Erei__nis Ma__d

Honi__ Fischtei__

▶ 2. Ordne die Wörter in die richtige Spalte. Schreibe die Artikel (Begleiter) dazu.

g (13)	*ch* (12)
lustig, ...	*der Kranich, ...*

▶ 3. Suche dir je drei Wörter aus. Bilde Sätze damit.

▶ 4. Setze die richtigen Wörter ein.

Nacht/nagt - Fracht/fragt - Licht/liegt - flucht/Pflug - Zwerchfell/Zwerg

Der Marder ___________ in der ___________ die Autokabel an.

Er ___________, ob die ___________ für das Schiff nicht zu schwer sei.

Bei schwachem ___________ ___________ sie im Bett und liest.

Er ___________ bei der schweren Arbeit mit dem ___________.

Der ___________ lacht, bis ihm das _______________ schmerzt.

▶ 5. Schreibe die 3. Person Singular (Einzahl) Präsens (Gegenwart) zu den Verben (Zeitwörtern, Tätigkeitswörtern).

fliegen - sie fliegt *steigen - ___________* *siegen - ___________*

biegen - ___________ *schweigen - ___________* *zeigen - ___________*

brechen - ___________ *schleichen - ___________* *reichen - ___________*

streichen - ___________ *sprechen - ___________* *zeichnen - ___________*

▶ 6. Schreibe mindestens ein verwandtes Wort zu jedem der Verben aus Aufgabe 5 in dein Heft.

Mit Nachsilben kannst du neue Wörter bilden.

▶ 1. Bilde Adjektive (Eigenschaftswörter) auf *-ig*. Vorsicht, manche Wörter verändern sich ein wenig.

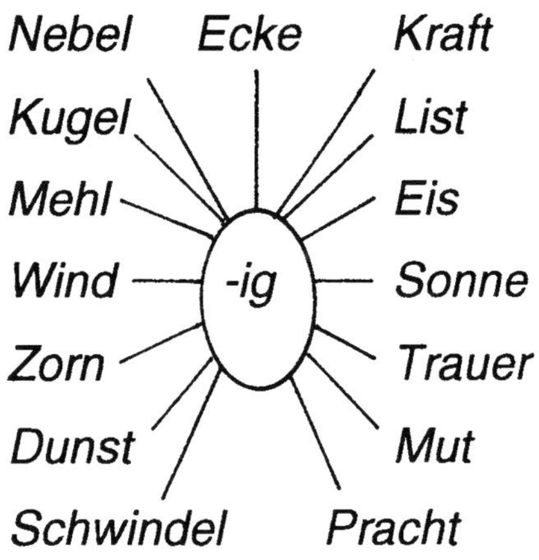

neblig, ______________________

____

____

____

____

____

____

▶ 2. Bilde Adjektive auf *-lich.* Auch hier verändern sich einige Wörter.

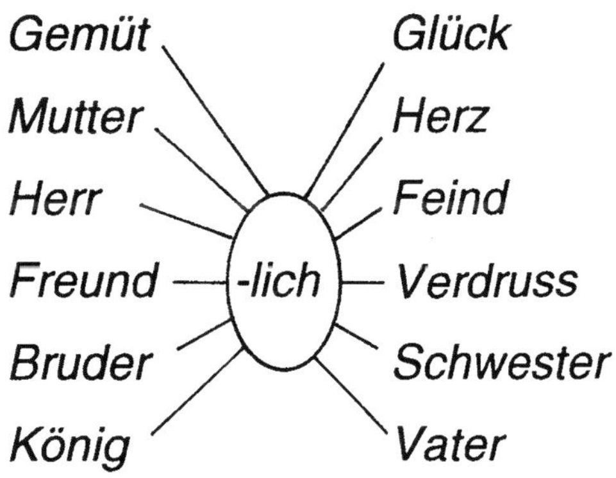

gemütlich, ______________________

____

____

____

____

____

▶ 3. Welche dieser Eigenschaften aus Aufgabe 1 und 2 passen zum Wetter, welche zu den Menschen? Ordne sie ein.

Wie ein Mensch sein kann	*Wie das Wetter sein kann*
kräftig, ...	*neblig, ...*

▶ 1. Bilde die 2. und 3. Person Singular (Einzahl) Präsens (Gegenwart) der Verben (Zeitwörter, Tätigkeitswörter).

fangen - singen - springen - verlangen - hängen - zwingen - klingeln

du fängst, er fängt, ______________________________

____

▶ 2. Suche die dazu passenden Nomen (Substantive, Namenwörter).

fangen - der Fang, ______________________________

____

▶ 3. Bilde die 2. und 3. Person Singular Präsens.

schenken - trinken - lenken - zanken - tanken - danken

____

____

▶ 4. Suche die dazu passenden Nomen (Substantive, Namenwörter).

____

____

ng ist **ein** Laut. Das *g* wird nicht gesprochen.

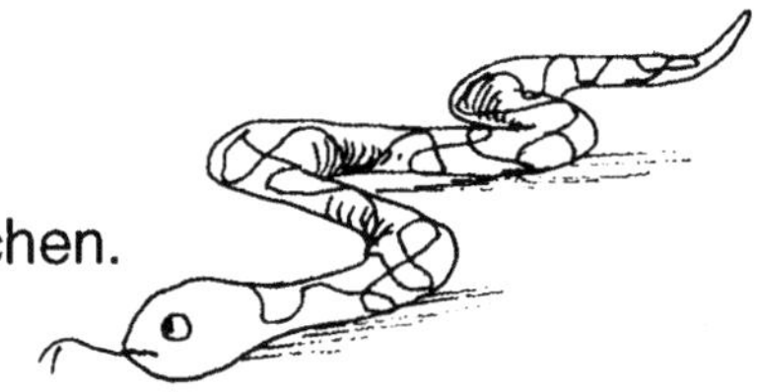

▶ 5. Setze die passenden Wörter ein.

singt/sinkt - hing/hinkt - Schlange/schlanke - Zange/zanke - dringt/trinkt

Das Schiff __________. Das Kind __________ ein Lied. Der verletzte Junge __________. An der Tür __________ ein Schild. In der Illustrierten sind viele __________ Mädchen. Eine gefährliche __________ ringelt sich um ihre Beine. Der Handwerker nimmt die __________. Ich __________ nie mit meiner Freundin. Der Räuber __________ in die Bank ein. Der Angestellte __________ gerade Tee.

Der *f*-Laut wird meistens durch *f* bezeichnet, sonst durch *v* und *ph*.

▶ 1. Ergänze *F/f*.

*_lasche   So_a   stei_   schla_en   _link   schar_   Scha_   _eder   dar_*

*Brillen_abrik   tau_en   el_   _roh   _enster   He_t   _rech   Sa_t   Wol_*

*au_   schie_   schlie_*

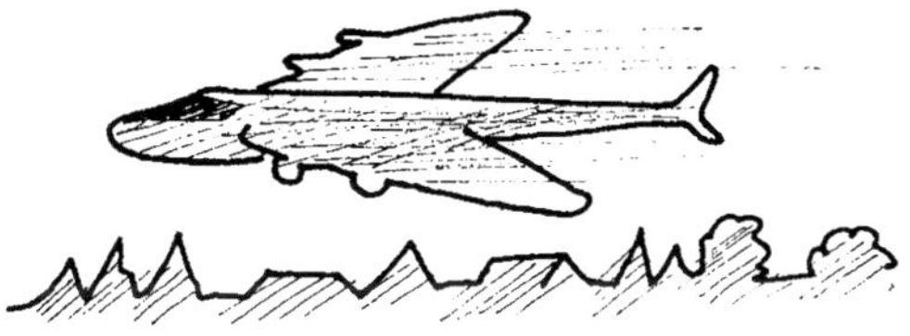

▶ 2. Trage die Wörter in die richtige Spalte ein.

F-/f-	*-f-*	*-f*
Flasche, ...		

▶ 3. Oft erscheint der *f*-Laut als *ph* (z.B. *Philipp*). In vielen dieser Wörter kannst du an Stelle des *ph* ein *f* schreiben.

Saxophon oder Saxofon, Mikrophon oder __________,

Photograph oder __________, Delphin oder __________,_,

Telegraph oder __________, Phantasie oder __________.

▶ 4. Wer undeutlich spricht, kann leicht das *F/f* und das *Pf/pf* verwechseln. Wie heißt es bei den folgenden Wörtern?

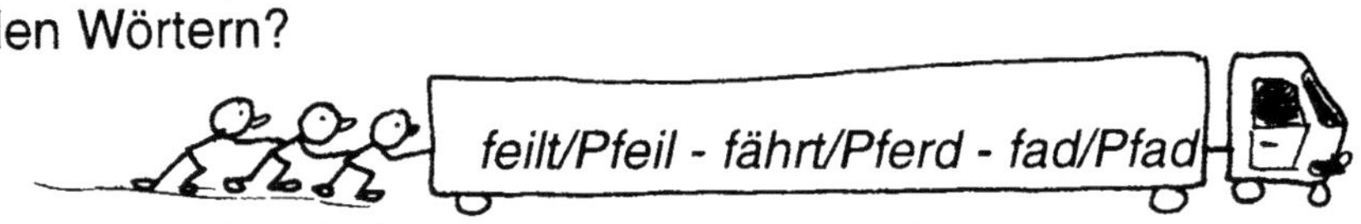

Michael und Klaus basteln __________ und Bogen.

Vater __________ die Kante des Brettes glatt.

Moritz __________ mit seinem neuen Fahrrad zur Schule.

Anne reitet stolz auf ihrem grauweißen __________.

Susi stöhnt: „Ach, ist das heute wieder __________ in der Schule."

Max und Felix schleichen auf einem schmalen __________ durch den Wald.

Der *f*-Laut wird oft als *Ph/ph* geschrieben.

▶ 1. Löse das Rätsel.

1. *die Buchstaben von A bis Z*
2. *Teil eines Gedichtes*
3. *Weissager, Seher*
4. *Straßenbelag*
5. *männlicher Vorname*
6. *altägyptischer König*
7. *naturwissenschaftliches Fach*
8. *Vorstellungskraft, Einbildung*
9. *jemand, der nach dem letzten Sinn fragt*

▶ 2. Verbinde die verwandten Wörter.

Phase *prophezeien* *Delphin* *asphaltieren* *Physikerin* *Delphinschwimmer* *phasenweise* *Prophezeiung* *physikalisch* *Asphalt*

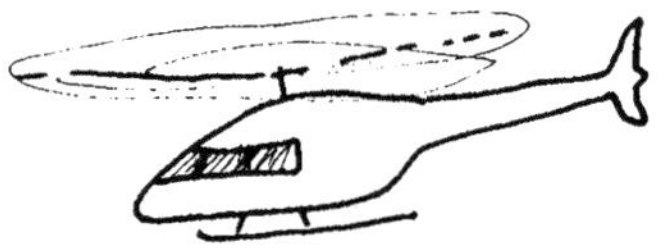

▶ 3. Schreibe die Wörter hier auf und ergänze jeweils ein drittes.

Phase, phasenweise, Mondphase - ______________________

____

____

____

▶ 4. Welche der *Ph/ph*-Wörter auf dieser Seite kannst du auch mit *f* schreiben?

____

____

____

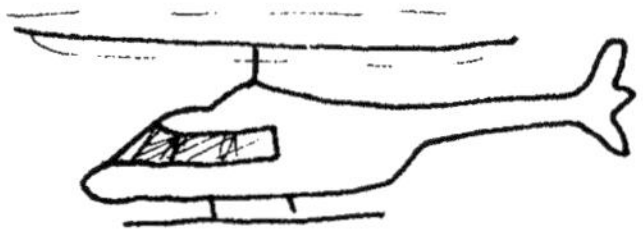

Bd. 128. Ursula Lassert: Rechtschreibung - 5. Schuljahr

▶ 1. Bilde zusammengesetzte Wörter. Schreibe sie auf.

Kampf *Schnupf*
Dampf *Schlupf*
Knopf *Schimpf*
Zupf *Topf*
Sumpf *Strumpf*
Trumpf *Impf*

-kessel *-tuch*
-instrument *-richter*
-gras *-karte*
-stoff *-deckel*
-loch *-hose*
-wort *-winkel*

Kampfrichter, ______________________________

____

____

▶ 2. Suche die Infinitive (Grundformen) zu:

er dampft - dampfen, es schlüpft - __________, es tropft - __________,

sie pfeift - __________, du schimpfst - __________, er pflügt - __________,

du impfst - __________, sie hüpft - __________.

Steht im Infinitiv ein *pf*, steht in allen Verbformen ein *pf*.
Steht im Infinitiv ein *f*, steht in allen Verbformen ein *f*.

▶ 3. Je drei Wörter gehören zusammen. Verbinde sie und schreibe sie auf.

Pflanzenkunde *Pfeifenreiniger* *pflichtbewusst*
Pflicht *pflanzen* *Pfeffer*
Pfeffermühle *pfeffrig* *Pfeife*
gepfiffen *gebührenpflichtig* *Pflanzenfett*

____

____

____

____

____

Bd. 128. Ursula Lassert: Rechtschreibung - 5. Schuljahr

Manchmal wird der *f*-Laut als *V/v* geschrieben.

▶ 1. Ergänze *V/v*.

__orn   __ater   __illa   Kla__ier   __iel   __erlaufen

__olk   __oll   __ioline   __entil   __ers   __etter   Skla__e

No__ember   __ogel   Kur__e   __eilchen   __on   __ier

__ase   Ner__   __ulkan   Lokomoti__e   Pul__er   bra__

Ad__ent   __orschlagen   __enedig

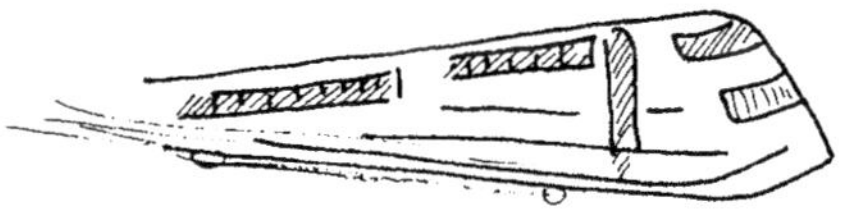

▶ 2. In einigen der *V/v*-Wörter wird *V/v* wie *f* gesprochen, in anderen wie *w*. Schreibe die Wörter in die richtige Spalte.

V/v wie *f* gesprochen (15)	*V/v* wie *w* gesprochen (13)
vorn, ...	*Villa, ...*

Wörter, in denen *V/v* wie *w* gesprochen wird, stammen meist aus anderen Sprachen.

▶ 3. Bilde neue Wörter mit *ver-* und *vor-*.

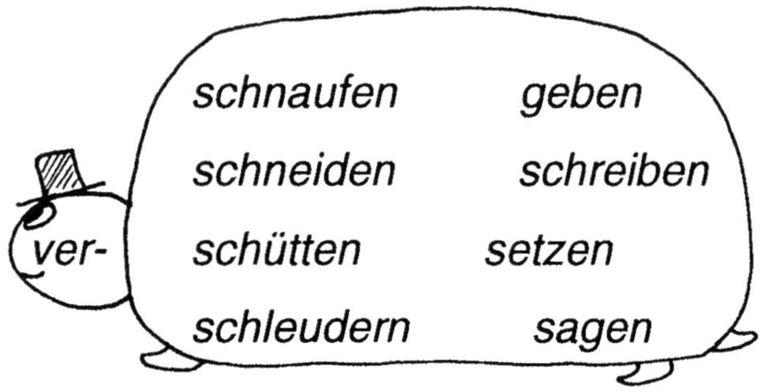

▶ 1. Schätze einmal, wie viele Spalten es im Duden mit Q*u*/*qu*-Wörtern gibt.

3 ☐ 7 ☐ 15 ☐

▶ 2. Prüfe nach, ob deine Schätzung stimmt.

Wir schreiben Q*u*/*qu*, sprechen aber *kw*.

▶ 3. Löse das Rätsel.

1. *Fragespiel*
2. *Rauch*
3. *Meerestier*
4. *gleichseitiges Viereck*
5. *Unterkunft*
6. *Instrument*
7. *Straße im rechten Winkel zur anderen*

▶ 4. Suche verwandte Wörter zu:

sich erquicken - __________, quatschen - __________ quellen - __________,

quirlen - __________, quittieren - __________, sich bequemen - __________,

quälen - __________, überqueren - __________.

▶ 5. Ergänze die richtigen Wörter.

Die Reifen __________, als das Auto plötzlich anhielt. Ich kann den __________ nicht mehr hören. Die Katze machte es sich auf der Heizung __________. Der Händler nahm das Geld und gab dem Käufer eine ____________.

Sie __________ sich an dem frischen Quellwasser.

▶ 1. Lies die Wörter laut.

Sirene	*Haus*	*See*	*blasen*	*blass*	*grasen*	*Ausflug*
fassen	*Nase*	*brausen*	*reißen*	*Gras*	*nass*	*essen*
Spaß	*Preis*	*Vers*	*Lesebuch*	*Los*	*Kuss*	*vergessen*
Hans	*weisen*	*Besen*	*das*	*lesen*	*Gans*	

Beim Lesen hast du sicher bemerkt, wie verschieden die *s*-Laute sind. Es gibt den stimmhaften *s*-Laut (z.B. *Sirene, blasen*) = **gesummt** und den stimmlosen *s*-Laut (z.B. *aus, blass*) = **gezischt**.

▶ 2. Schreibe die Wörter mit dem stimmhaften *s*-Laut auf. (10)

▶ 3. Jetzt kannst du bestimmt den Merksatz ergänzen.

Für den stimmhaften *s*-Laut wird ______________________.

▶ 4. Schreibe die Wörter mit dem stimmlosen *s*-Laut auf. (17)

▶ 5. Ergänze den Merksatz.

Der stimmlose *s*-Laut kann auf ____ Arten geschrieben werden:
_____ - _____ - _____.

▶ 6. Schreibe so: *sausen - er saust, er sauste, gesaust.*

niesen - blasen - reisen - brausen - lesen

Wenn du beim Infinitiv eines Verbs ein stimmhaftes *s* hörst, wird das Verb in allen seinen Formen mit *s* geschrieben (z.B. *reisen - er reist*).

In den Wörtern mit *ss* finden wir den stimmlosen *s*-Laut.

▶ 1. Ergänze *ss.*

E__ig Wa__er Flo__e fa__en e__en befa__en Ro__e

▶ 2. Was reimt sich?

Klasse	*Brüssel*	*Sessel*
*G*__________	*R*__________	*K*__________
*T*__________	*Sch*__________	*F*__________
*M*__________	*Schl*__________	

▶ 3. Kennzeichne die Vokale (Selbstlaute) vor und nach *ss.* (Lange Vokale mit einem Strich, kurze Vokale mit einem Punkt markieren.)

▶ 4. Wie sprichst du sie?

kurz ☐ *lang* ☐

▶ 5. Wörter mit *ss* und *ß in einer Wortfamilie.*

fa__en,	*er fa__t,*	*das Gefä__,*
e__en,	*sie a__,*	*er i__t,*
me___ en,	*sie mi__t,*	*das Ma__,*
flie__en,	*es flie__t,*	*der Flu__,*
bei__en,	*sie bei__t,*	*der Bi__,*
schlie__en,	*er schlie__t,*	*der Schlu__,*
rei__en,	*sie rei__t,*	*der Ri__,*
schie__en,	*er schie__t,*	*der Schu__,*
gie__en,	*sie gie__t ,*	*der Gu__*

Nach kurzem Vokal steht ss, nach langem Vokal steht ß.

ß ist ein stimmloser *s*-Laut. Er wird nicht gesummt, sondern gezischt.

▶ 1. Setze *ß* ein.

flie__en, genie__en, bei__en, schie__en, gie__en, rei__en, schlie__en.

▶ 2. Schreibe jeweils die drei Stammformen zu diesen Verben (Zeitwörter, Tätigkeitswörter) auf.

fließen - floss - geflossen, ____________________

____

____

____

____

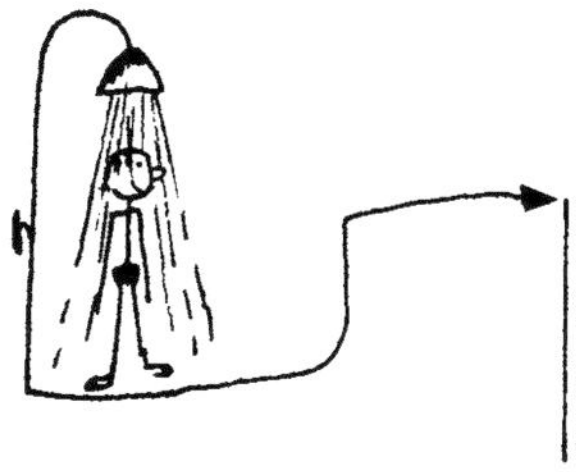

Auch bei den verschiedenen Verbformen steht für den stimmlosen *s*-Laut nach langen Vokalen *ß* und nach kurzen Vokalen *ss*.

▶ 3. Ergänze *ß* bei den Nomen (Substantive, Namenwörter).

Grü__e	*Spie__e*	*Flö__e*	*Stö__e*	*Gefä__e*
Ma__e	*Sträu__e*	*Fü__e*	*Spä__e*	*Klö__e*

▶ 4. Bilde den Singular (Einzahl).

Grüße - Gruß, ____________________

____

▶ 5. Suche sechs verwandte Wörter zu *Fuß*.

____

____

▶ 6. Suche sechs verwandte Wörter zu *Straße*.

____

____

____

▶ 1. Ergänze *St* und *st.*

__irn *__ange* *__reit* *__raße* *er__er* *__art*

__imme *Herb__* *fe__* *__eif* *O__ern* *Bru__*

__ern *Hu__en* *am schlimm__en* *__ube* *__rich*

ha__ten *__opfen* *__all* *__reicheln* *Ga__*

__ill *__ören* *__unde*

▶ 2. Lies die Wörter laut.
Wann sprichst du *St/st* wie *scht*, wann wie *s-t* ?

Ich spreche *st* wie *scht*, wenn es am __________ steht.
Ich spreche *st* wie *s-t*, wenn es in der __________ oder am __________ steht.

▶ 3. Schreibe die Wörter in die Tabelle.

st (wie *scht* gesprochen)	*st* (wie *s-t* gesprochen)

▶ 4. *s*, *ß* oder *ss*? Wenn du unsicher bist, suche den Infinitiv (Grundform).

Es gie__t. Er verrei__t morgen. Ha__t du Hunger? Er ha__t langweilige Musik. Er rei__t die alte Tapete ab. Er sau__t mit dem Fahrrad durch die Straße. Das Kind blä__t den Luftballon auf. Sie grü__t die Nachbarin. Er lie__t ein Buch. Er lie__ ihn zu sich kommen.

▶ 5. Bilde die 2. Person Singular (Einzahl) Präsens (Gegenwart).

lesen - halten - rufen - gehen - schreiben - husten - öffnen - leugnen

du liest, ____

____

▶ 1. Ergänze *Sp* und *sp*.

__aß Kno__e __ringen räu__ern __ielplatz __ielen

__eer __rießen __annung __ielen verha__eln

Knu__erhäuschen We__e knu__ern __rung __rache

__eise __röde Go__el __itz

▶ 2. Lies die Wörter laut. Welches *sp* sprichst du wie *schp*? Welches *sp* sprichst du wie *s-p*?

Das *sp* am __________ wird wie *schp* gesprochen.
Das *sp* in der __________ wird wie *s-p* gesprochen.

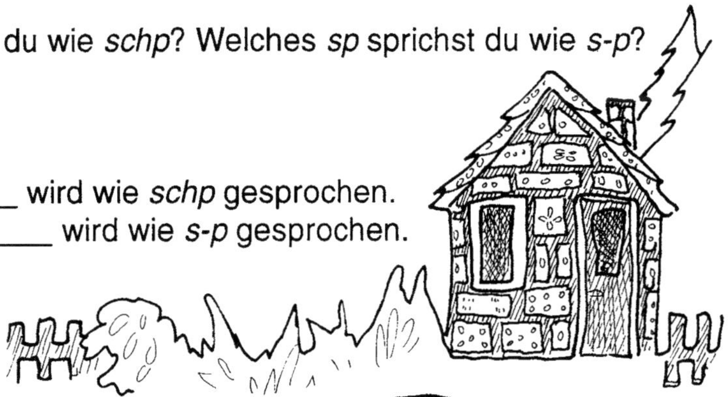

▶ 3. Bilde zusammengesetzte Wörter.

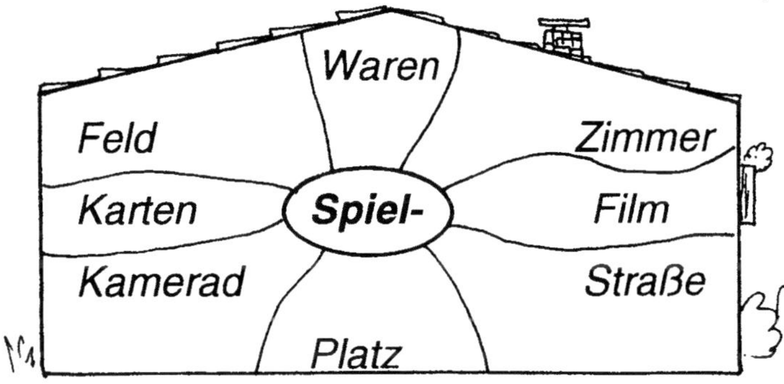

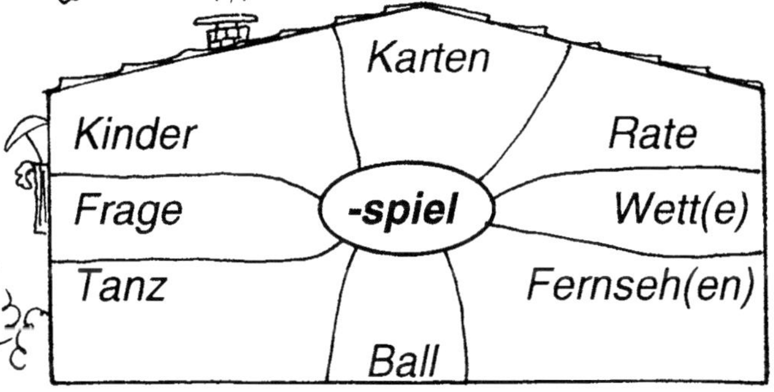

▶ 4. Schreibe aus Aufgabe 1 die Wörter heraus, bei denen *sp* wie *s-p* gesprochen wird. Trenne sie.

Knospe - Knos-pe, ____________________

Auch Verben (Zeitwörter, Tätigkeitswörter) können als Nomen (Substantive, Namenwörter) gebraucht werden.

Verben, die nach *der, die, das* stehen, werden großgeschrieben.

▶ 1. Ändere die Sätze so um, dass das unterstrichene Verb als Nomen gebraucht wird.

Es ist erlaubt im See zu baden.

Es ist erwünscht Hunde anzuleinen.

Es ist verboten die Tiere zu füttern.

Es ist untersagt die Wege zu verlassen.

Es ist nicht erwünscht die Tische zu verstellen.

Es ist nicht erlaubt Blumen abzupflücken.

Das Baden im See ist erlaubt.

▶ 2. Ergänze.

Er brauchte viel Zeit, um aufzuräumen.

Er brauchte viel Zeit zum ...

Sie stürzte, als sie einkaufen ging.

Sie stürzte beim ...

Er stieß sich den Kopf, als er vom Baum fiel.

Er stieß sich den Kopf beim ...

Verben, die nach *am, beim, im, vom, zum* stehen, werden großgeschrieben.

▶ 3. Suche selbst Beispiele.

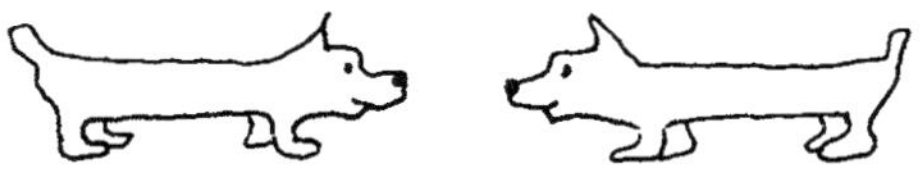

Uli und Tina stehen auf dem Bahnsteig. Welch ein Betrieb um sie herum! Die Wartenden reden und lachen miteinander. Die Räder der Koffer quietschen. Die Gepäckwagenfahrer hupen. Der Stationsvorsteher pfeift. Züge bremsen. Mütter schimpfen, Kinder weinen. Uli und Tina sind erstaunt über so viel Lärm.

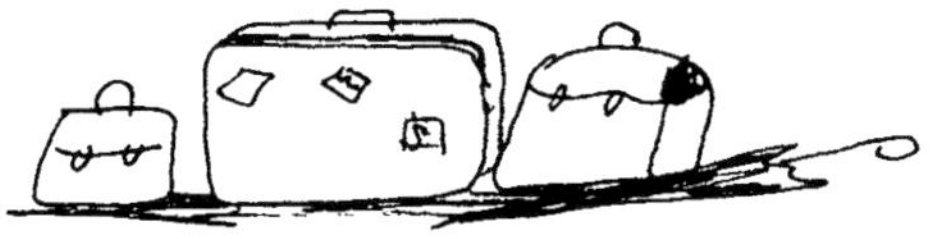

▶ 1. Schreibe auf, was die beiden hören.

Sie hören das Reden und Lachen der Wartenden, das ______________________

____

____

____

▶ 2. Unterstreiche die Verben, die du großgeschrieben hast, und den dazugehörenden Artikel (Begleiter, Geschlechtswort).

▶ 3. Schreibe auf, wovon die beiden müde sind.

Als die beiden endlich am Abend an ihrem Ferienort ankommen, sind sie müde. Sie haben viel auf Bahnhöfen gewartet, ihre Koffer häufig getragen, sich mit anderen Fahrgästen unterhalten, viel gelacht und in den Zuggängen gestanden.

Sie sind müde vom ______________________

____

____

____

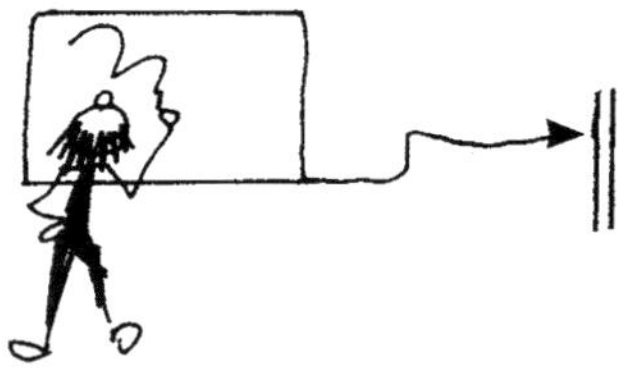

Wenn du Verben als Nomen (Substantive, Namenwörter) gebrauchst, schreibst du sie groß.

▶ 4. Unterstreiche die Verben, die als Nomen gebraucht werden.

Probieren geht über Studieren. Reisen und Wandern mag ich besonders. Spielen und Lachen sind besonders gesund. Lesen macht mehr Spaß als Schreiben.

▶ 5. Bilde ähnliche Sätze.

____

____

____

Adjektive (Eigenschaftswörter) - großgeschrieben

Wer ängstlich ist, hat es nicht leicht im Leben. Wer am klügsten ist, gibt nach. Wer reich ist, sollte den armen Leuten helfen. Die einsamen Leute sollten sich mit anderen Menschen treffen. Wer gesund ist, braucht keinen Arzt. Wer blind ist, braucht oft Hilfe.

▶ 1. Sage es kürzer.

Der Ängstliche hat es nicht leicht im Leben. ____________________

____

____

____

Wenn Adjektive als Nomen (Substantive, Namenwörter) gebraucht werden, werden sie großgeschrieben.

Uli und Tina erlebten in ihren Ferien viel Schönes. Sie sahen manches Lustige und mancherlei Fremdes. Herr Schmitz erlebte auf seiner Reise wenig Erfreuliches und fast nichts Aufregendes. Er hatte auf etwas Spannendes und viel Unterhaltsames gehofft. Stattdessen war ihm allerlei Ärgerliches passiert und einiges Unangenehme. „Immer nur die anderen erleben alles Schöne", schimpfte er nach der Rückkehr. Armer Herr Schmitz.

▶ 2. Unterstreiche die Adjektive, die hier als Nomen gebraucht werden.

▶ 3. Kreise die Wörter ein, die vor den Adjektiven stehen.

▶ 4. Ergänze die Regel.

Nach den Wörtern __________, __________, __________, __________,

__________, __________, __________, __________ und __________

werden Adjektive großgeschrieben.

▶ 5. Schreibe auf, was du am Tag alles erleben kannst (*viel ... manches ...*).

____

____

____

Bd. 128. Ursula Lassert: Rechtschreibung - 5. Schuljahr

ROBIN-HOOD-FESTSPIELE

RITTERSPIELE UND TURNIERE WIE ZU ZEITEN DES BEKANNTEN GESETZLOSEN GEHÖREN ZU DEN HÖHEPUNKTEN DER 4. ROBIN-HOOD-FESTSPIELE IN NOTTINGHAM VOM 28. BIS 31. OKTOBER. TAGSÜBER WERDEN AUF DEM GELÄNDE DES NOTTINGHAM CASTLE UNTER ANDEREM JONGLEURE, HOFNARREN, FALKNER, BOGENSCHÜTZEN UND MINNESÄNGER ZU SEHEN SEIN. FÜR 1500 ZUSCHAUER WIRD EINE TRIBÜNE ERRICHTET. DER EINTRITTSPREIS FÜR DIE ABENDLICHEN VERANSTALTUNGEN BETRÄGT UMGERECHNET ETWA 9 EURO.

▶ 1. Schreibe diesen Zeitungsartikel in Groß- und Kleinschreibung in dein Heft.

▶ 2. Wie viele Nomen (Substantive, Namenwörter) stehen im Plural (Mehrzahl)? ☐

▶ 3. Schreibe alle Nomen mit dem Artikel (Begleiter, Geschlechtswort) im Singular (Einzahl) auf.

___

___

___

___

___

▶ 4. Schreibe die Zahlen als Wörter.

___

___

___

___

▶ 5. Suche in Zeitungsartikeln nach Verben (Zeitwörter, Tätigkeitswörter) und Adjektiven (Eigenschaftswörter), die großgeschrieben sind.

___

___

___

___

1. *IN DEN FERIEN GINGEN JAN, NIKLAS UND KATRIN OFT ZUM SPIELEN IN DEN WALD.*
2. *DAS KLETTERN UND BALANCIEREN AUF DEN GEFÄLLTEN BAUMSTÄMMEN MACHTE IHNEN BESONDERS VIEL FREUDE.*
3. *DER HOHE FARN WAR ZUM VERSTECKEN GUT GEEIGNET.*
4. *DIE JUNGEN BEKAMEN NICHT GENUG VOM HERUMSCHLEICHEN DURCH DEN HOHEN FARN. KATRIN HATTE DAGEGEN MEHR FREUDE AM BAUEN EINES KLEINEN BAUMHÄUSCHENS ZWISCHEN DEN DICKEN BAUMWURZELN.*
5. *DIE JUNGEN HALFEN IHR BEIM SUCHEN VON BAUMRINDEN, TANNENZAPFEN UND MOOS, DAS SIE FÜR DAS HÄUSCHEN BRAUCHTE.*
6. *WÄHREND DES SAMMELNS KAM DEN KINDERN DIE IDEE, EIN GROßES BAUMHAUS IN DER ALTEN EICHE ZU BAUEN.*
7. *FÜR DAS PLANEN UND BAUEN WÜRDEN DIE FERIEN WOHL GERADE REICHEN.*

▶ 1. Schreibe die Sätze in Groß- und Kleinschreibung in dein Heft.
In jedem dieser Sätze stecken ein oder zwei Verben (Zeitwörter, Tätigkeitswörter) als Nomen (Substantive, Namenwörter). Du musst sie daher großschreiben.

▶ 2. Du kannst auch mit Hilfe von verschiedenen Endungen aus Adjektiven (Eigenschaftswörtern) und Verben neue Nomen bilden. Bei den gekennzeichneten Wörtern gibt es mehrere Möglichkeiten.

umleiten | *führen* | *● wild* | *gelegen* | *enden* | *● ergeben* | *heiter* | *einsam* | *vergangen* | *fröhlich* | *finster*

-heit | *-keit* | *-ung* | *-nis*

Umleitung, ______________________________

____

____

____

Mehrsilbige Wörter trennt man nach Sprechsilben, d.h. so, wie man sie beim langsamen Sprechen trennt (z.B. *Dor-nen, Flug-ha-fen*). Ein einzelner Konsonant kommt zur folgenden Silbe (*lau-**f**en*).

▶ 1. Trenne die folgenden Wörter.

langsam - schlafen - Sonnenblume - Wagen - mausetot - aufgeregt - Seeadler

____

____

Da ch, ck, sch, ph und th jeweils als **ein** Laut gelten, werden sie nicht getrennt (*Kü-che*).

▶ 2. Trenne.

lachen, la-chen

Frösche, ______________

Saphir, ______________

asphaltieren, ______________

Apotheke, ______________

Wecker, ______________

Zither, ______________

Strophe, ______________

nicken, ______________

Triathlon, ______________ *Zellophan,* ______________

Diskothek, ______________ *waschen,* ______________

Videothek, ______________

täuschen, ______________ *Alphabet,* ______________

Asphalt, ______________ *machen,* ______________

Werden Wortzusammensetzungen mit drei gleichen Konsonanten (Mitlaute) getrennt, geht der dritte Konsonant auf die neue Zeile.

▶ 1. Trenne diese Wörter.

Schritttempo, ____________________, *Werkstatttür,* ____________________,

Schifffahrt, ____________________, *Schifffracht,* ____________________,

Betttuch, ____________________, *Stalllaterne,* ____________________,

Flusssand, ____________________, *Balletttruppe,* ____________________.

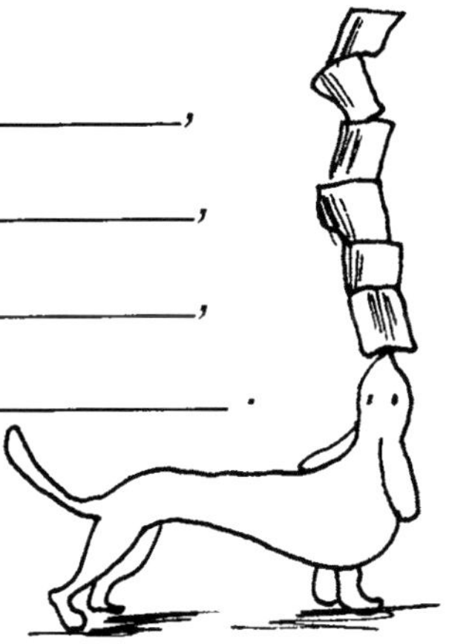

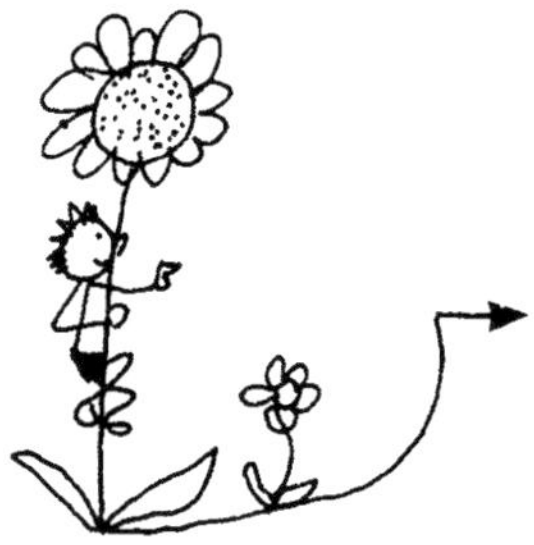

Einsilbige Wörter dürfen nicht getrennt werden (z.B. *Lob*).
Auch einzelne Vokale (Selbstlaute) am Wortanfang oder -ende dürfen nicht abgetrennt werden (z.B. Igel, Leo).

▶ 2. Schreibe hier die Wörter aus der Wörterschlange auf, die du nicht trennen kannst.

Maisideedasigelfensterlinksseiteaberlesenobdergänserechtshandopabücherkommaamuhuandersundmachenlaut

Mais, ____________________

____

____

____

____

____

____

▶ 3. Trenne die Wörter aus Aufgabe 2, bei denen eine Trennung möglich ist.

____

____

Texte bestehen aus Sätzen. Sätze werden durch Satzschlusszeichen voneinander getrennt. Wenn man Texte liest, macht man zwischen den Sätzen eine kurze Pause.

Das Satzschlusszeichen eines Aussagesatzes ist der Punkt.
Das Satzschlusszeichen eines Fragesatzes ist das Fragezeichen (?).
Das Satzschlusszeichen eines Ausrufesatzes oder einer Aufforderung ist das Ausrufezeichen (!).

▶ 1. Setze im folgenden Text die Satzzeichen.

Endlich Ferien Rico war glücklich So lange hatte er darauf gewartet Er warf die Schultasche unter das Bett Er würde sie jetzt fünf Wochen lang nicht mehr ansehen Oder waren es sogar sechs Wochen Na egal, auf jeden Fall sehr lange Morgen fährt er erst einmal für eine Woche zu Oma Ob die sich schon freut Bestimmt Rico freut sich auch Besonders neugierig ist er auf Wolke, Omas neuen Kater Hoffentlich kratzt er nicht Viel Spaß, Rico

▶ 2. Hier hat der Computer gestreikt. Alle Wörter hängen aneinander. Trenne sie voneinander. Setze die richtigen Satzschlusszeichen nach den einzelnen Sätzen. Schreibe den Text richtig auf.

Inaundmarkusgehenaufdiekirmesdortgibtesvielzusehensollensieaufdiewasserbahngehendiesiehtjatollauswiediewagendurchdaswassersausenherrlichabermarkusmöchtelieberersteinmalallesanschauenvielleichtgibtesnochmehrschöneswasnichtsoteueristwiediewasserbahnwiewäreesmitdemkettenkarussellhierkannmansoherrlichdurchdieluftfliegensollenwirfragtmarkusojaundsofliegendiebeidenwievögelimkreisherumbevorsielachendzurriesenrutschbahnlaufen

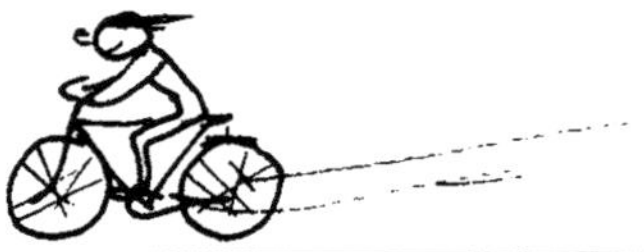

Bd. 128. Ursula Lassert: Rechtschreibung - 5. Schuljahr

Die wörtliche Rede wird in Anführungszeichen gesetzt.
Meistens ist sie mit einem Begleitsatz verbunden.

Die kleine Lena sagt: „Ich habe Hunger."

Beachte: Doppelpunkt, Anführungszeichen unten, großer Anfangsbuchstabe, Punkt (Frage-, Ausrufezeichen), Anführungsstriche oben.

▶ 1. Ergänze die fehlenden Zeichen.

Susi ruft Petra, geh mit uns ins Schwimmbad

Kai fragt Kann ich heute Nachmittag zu dir kommen

▶ 2. Schreibe zwei eigene Sätze dieser Art.

Manchmal steht der Begleitsatz hinter der wörtlichen Rede.
Am Ende der wörtlichen Rede schreibt man auch nach dem Frage- oder Ausrufezeichen klein weiter. *„........!", sagt Lena. „........?", fragt Klaus.*
Das Komma steht immer **nach** den Anführungszeichen. *„........", meint Ulla.*

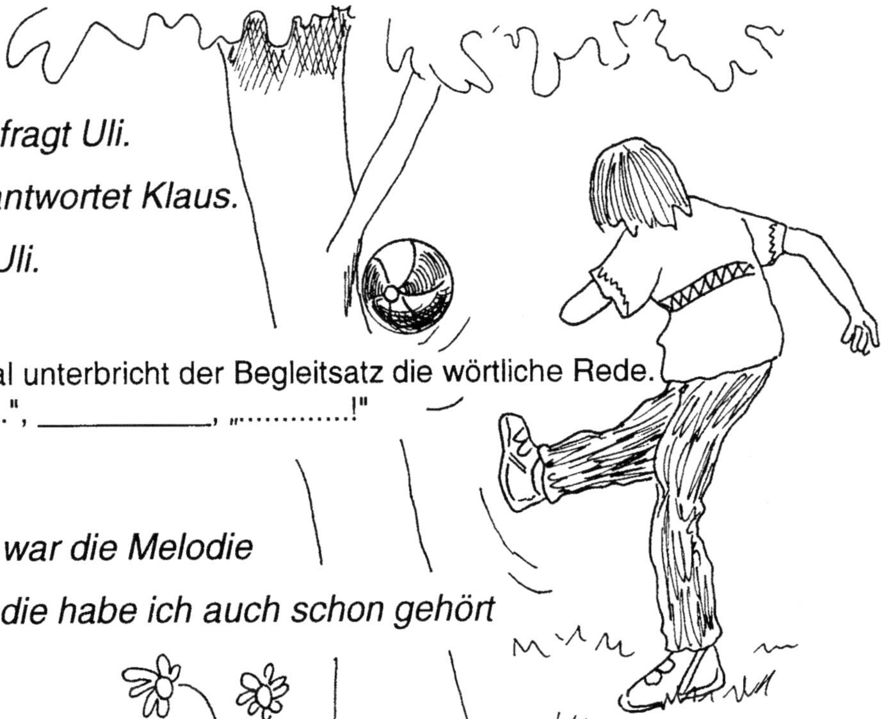

▶ 3. Ergänze die Zeichen.

Klaus, kommst du mit uns fragt Uli.

Nein, ich habe keine Zeit antwortet Klaus.

Du hast auch nie Zeit ruft Uli.

Manchmal unterbricht der Begleitsatz die wörtliche Rede.
„..............", ______________, „..............!"

▶ 4. Ergänze die Zeichen.

Stimmt flüstert Anne das war die Melodie

Richtig entgegnete Mark die habe ich auch schon gehört

Seite 1
1. Blaubeeren, Christrosen, Dill, Erdbeeren, Flieder, Gurken, Himbeeren, Immergrün, Johannisbeeren, Kirschbaum, Linde, Maiglöckchen, Nelken, Orangenbaum, Petersilie, Quittenbaum, Rosen, Stiefmütterchen, Tulpen, Ulme, Veilchen, Walnussbaum, Zwiebeln.
2. Sie muss diese Wörter nach dem zweiten Buchstaben ordnen.
3. Salbei, Schlüsselblume, Silberpappel, Spinat, Stachelbeere, Sumpfdotterblume.

Seite 2
1. rufschädigend, Rufweite.
2. rufen.
3. Seite 866, Spalte 1 (lt. Duden, Bd.1 von 2006).
4. gesungen - singen: Seite 936, Spalte 1; sprach - sprechen: Seite 957, Spalte 2; gingen - gehen: Seite 439, Spalte 1; dachte - denken: Seite 309, Spalte 2.
5. kalt: Seite 556, Spalte 1.
6. schönster - schön: Seite 904, Spalte 2; kleinster - klein: Seite 580, Spalte 2; höher - hoch: Seite 506, Spalte 1; dünner - dünn: Seite 339, Spalte 2; härter - hart: Seite 485, Spalte 2.
7. Baum: Seite 231, Spalte 3; Häuser, Haus: Seite 487, Spalte 2; Mann: Seite 666, Spalte 3; Kinder, Kind: Seite 575, Spalte 3.
8. a) Bei Nomen ist im Duden der Singular (Einzahl) als Stichwort angegeben.

Seite 3
2. Vokale (Selbstlaute).
3. Bett, Fahrrad, Weihnachten, Lesebuch, Geschichten, Wohnzimmer, Mantel, Bleistift.

Seite 4
1. Im Zirkus steht die Seiltänzerin Renata vor ihrem Wagen. Sie ist sehr traurig. Ihr Kater Mohrle ist verschwunden. Sie muss ihn finden, sonst kann sie ihren Morgenkaffee nicht genießen. Sie sucht und sucht. Sie schaut unter jeden Zirkuswagen, unter jedes Auto. Sie sucht bei den Fohlen im Pferdezelt, bei dem lahmen Kamel Leonis, bei dem neuen Zebrapaar. Nichts. Kein Mohrle. Sie geht in das Elefantenzelt. Nanu, wer liegt denn da gemütlich auf der breiten Stirn des Elefanten Tanga? Es ist ihr Kater. „Mohrle, Mohrle! Ich hatte solche Angst um dich", flüstert Renata erleichtert.
2. Doppelvokale: Zebrapaar;
   Dehnungs-h: ihrem, sehr, ihr, Mohrle, ihn, ihren, Fohlen, lahmen, geht;
   ie: sie, genießen, liegt;
   nicht gekennzeichnet: Seiltänzerin, vor, Wagen, traurig, Kater, sucht, schaut, jeden, Zirkuswagen, jedes, Auto, bei, den, Pferdezelt, dem Kamel, Leonis, neuen, Zebrapaar, kein, Elefantenzelt, nanu, wer, da, gemütlich, auf, der, breiten, Tanga, erleichtert.
3. ihrem, ihn, ihren, ihr.
4. ihm, ihn, ihnen, ihr, ihre, ihrem, ihren, ihrer, ihres.

Seite 5
1. fliehen, sehen, Reihe, mähen, ruhen, nähen, blühen, ziehen, Verzeihung.
2. l, n, m, r.
3. hl: Zahl, hohl, gemahlen, zählen, kühl, stehlen;
   hn: Sahne, wohnen, Hahn, belohnen, zehn, unbewohnt, Bühne;
   hr: Verkehr, fahren, rühren, kehren, lehren, Ohr, Uhr;
   hm: berühmt, Lehm, Rahmen, Ruhm.
4. Fehler - fehlen, Lähmung - lahm, Gefahr - gefährlich, Höhle - hohl, Fahrt - fahren, Wohnung - wohnen, Draht - drahtig, Sehnsucht - sehnen.

Seite 6
1. male, war, wahr, Wal, Wahl.
2. malen - Denkmal - Malerei - Kunstmaler; Wähler - wählen - Wahl - Wahltag; war - bin - gewesen - sein; wahr - Wahrheit - wahrhaftig - wahrscheinlich; mahlen - Mühle - Mahlzeit - Mehl; Walherde - Wal - Walfang - Blauwal.

Seite 7
2. blieb, schrieb, schlief, ließen, rief, schrie, schwieg.
4. ich probiere, du probierst; ich spaziere, du spazierst; ich studiere, du studierst; ich diktiere, du diktierst; ich frisiere, du frisierst; ich buchstabiere, du buchstabierst; ich telefoniere, du telefonierst; ich gratuliere, du gratulierst; ich kassiere, du kassierst.

Seite 8
1./2.
1. die Familie; 2. der Tiger; 3. die Mine; 4. das Kilogramm; 5. das Lid; 6. der Igel; 7. das Lineal; 8. Ida; 9. die Sirene; 10. der Biber; 11. das Benzin; 12. das Kaninchen;13. Lisa; 14. die Zitrone; 15. die Linie; 16. Luise; 17. die Medizin; 18. die Bibel; 19. Martin.

Seite 9
1. Apfelsine, Ap-fel-si-ne; Margarine, Mar-ga-ri-ne; Wilhelmine, Wil-hel-mi-ne; Rosine, Ro-si-ne; Lawine, La-wi-ne; Gardine, Gar-di-ne; Vitrine, Vi-tri-ne: Kantine. Kan-ti-ne; Mandarine, Man-da-ri-ne.
2. Apfelsine, Gardine, Kantine, Lawine, Mandarine, Margarine, Maschine, Rosine, Violine, Wilhelmine.
3. Lidschatten, Lidstrich, Liedermacher, Liederabend, Liederbuch, Lidrand.

4./5.
wiederholen (V), widersprechen (V), Widerschein (N), Widerstand (N), Wiederkehr (N), wiederkäuen (V), wiederbekommen (V), widerspenstig (A), Wiederaufbau (N), Wiedersehen (N)/wiedersehen (V), Widerwille (N), widerlich (A).

Seite 10
2. der Staat, das Paar, das Haar, die Waage, der Saal.
3. Moos, Boot, Aal, Beere, Zoo, Saal, Seele, Aar, Moor, Tee, Aas, Beet, leeren, Fee.

Seite 11
1. das Blumenbeet, die Teekanne, die Meerjungfrau, der Kleintierzoo, die Briefwaage, das Ehepaar, die Moorhexe, das Ruderboot, das Kleeblatt.
2. Pärchen, Sälchen, Bötchen.
3. Paar, paar, Paar, paar, Paar, paar, Paar, paar, Paar, Paar, paar, Paar.

Seite 12
2. Jan Hummel ist Zauberer im Zirkus Rocko. Er schaut auf die Uhr, die an der Wand des Zirkuswagens hängt. Er stöhnt. O weh, fast zu spät. Schnell nimmt er seine Perücke und seinen Hut. Mit großen Schritten geht er zum Zelt. Als er es betritt, wird sein Auftritt gerade angekündigt.
3. Kurze Vokale, die vor doppelten Konsonanten stehen:
   Hummel, schnell, nimmt, Schritten, betritt, Auftritt;
   Kurze Vokale, die vor mehreren Konsonanten stehen:
   ist, Zirkus, Rocko, Wand, Zirkuswagen, hängt, fast, Perücke, und, Zelt, wird, angekündigt;
   Kurze Vokale, die nicht gekennzeichnet sind: Z.B. Jan, Zauberer, im, an, des, Perücke, zum, es.

Seite 13
1. Affe, Pantoffel, Koffer, hoffen, Löffel, schaffen, raffen.
2. hoffen, du hoffst; schaffen, du schaffst; raffen, du raffst.
3. Gewinn - gewinnen; Spott - spotten; Kamm - kämmen; Wette - wetten; Zerrung - zerren; Schall - schallen.
4. Brille, Falle/Felle, Galle, Grille, Halle, Kelle, Kralle, Pelle/Pille, Qualle/Quelle, Rille/Rolle, Schelle/Scholle, Schnalle, Stelle/Stille/Stulle, Welle/Wille/Wolle, Zelle.

Seite 14
2. Kämmchen, Schwämmchen, Süppchen, Püppchen, Pfännchen, Kännchen, Bettchen, Blättchen.
3. Brennholz, Fallobst, Knallbonbon, Schwimmbad, Steppdecke, Treffpunkt.

Seite 15
1. knacken, Jacke, stricken, Kuckuck, Schokolade, Backe, Haken, Zacke, Ekel, Schicksal, welk, Ecke, flink, Mark, Geschmack, schlank, Gurke, Strick, Spuk.
2. knacken, Jacke, stricken, Kuckuck, Backe, Zacke, Schicksal, Ecke, Geschmack, Strick.
3. der Druck, der Rücken oder der Ruck, der Geschmack, der Wecker, der Schmuck, der Strick, der Schreck, die Entdeckung.
4. backen: Bäckerei, Bäckersfrau, Backpflaume, Backstein, aufbacken, Backblech, überbacken; decken: Decke, Deckfarbe, Deckenbeleuchtung, Dachdecker, aufdecken, zudecken, Deckweiß.

Seite 16
1. der Sitz, der Satz, die Spitze, der Platz, setzen, die Fratze, die Pfütze, witzig.
4. z.B. ich ritze, er ritzt; ich flitze, er flitzt; ich besitze, er besitzt; ich spritze, er spritzt; ich verletze, er verletzt; ich wetze, er wetzt; ich petze, er petzt; ich hetze, er hetzt.

Seite 17
1. nk: flink, danken, lenken, winken;
   lk: Kalk, welken, melken, Schalk, Balken;
   rk: wirken, Stärke, stark, Werken, Korken;
   langer Vokal + k: Ekel, Laken, blöken, Haken, Keks.
   Nach n, l und r steht immer k, nie ck.
2. Faktor, Tabak, Sekte, elektrisch, Direktor, Oktober, Insekt, Rektor, Spektakel, Doktor, Inspektor, Sektglas.

Seite 18
2. purzeln - du purzelst, er purzelt; stürzen - du stürzt, er stürzt; tanzen - du tanzt, er tanzt; schmelzen - du schmilzt, er schmilzt; würzen - du würzt, er würzt; glänzen - du glänzt, er glänzt; grunzen - du grunzt, er grunzt; spazieren - du spazierst, er spaziert.
4. lz: Pelz, Salz;
   nz: ganz, Kranz, Prinz, Tanz, Franz;
   rz: März, Schmerz, Herz;
   langer Vokal + z: Geiz.

Seite 19
1./2.
   mächtig - Macht; Schäfer - Schaf; mäßig - Maß; schläfrig - Schlaf; ängstlich - Angst; hässlich - Hass; Bäcker - backen; quälen - Qual; nähen - Naht; lästig - Last; närrisch - Narr.
3. krank, schwach, Tag, zart, lang, Gefahr, Hass, Schande, Klage.
4. Nahrung, Hand, Kamm, Zahl, hart, Qual.
5. tragen - du trägst, er trägt; waschen - du wäschst, er wäscht; schlagen - du schlägst, er schlägt; halten - du hältst, er hält; backen - du backst, er backt; graben - du gräbst, er gräbt; fallen - du fällst, er fällt.

Seite 20
2. Bälle, Fälle, Säcke, Kämme, Gärten, Schwämme.
3. tragen, schlagen, fahren, schlafen, waschen, halten, fangen, raten.
4. schwächer, härter, älter, wärmer, näher, schärfer, ärmer.
5. Säge, März, Märchen, Lärm, Käfer, rückwärts, Käse.

Seite 21
1./2
   Raub, Räuber; außen, äußerlich; laut, Geläute; Bauer, Bäuerin; saugen, Säugling; Fräulein, Frau; Säure, sauer; Rauch, räuchern; rauschen, Geräusch.
3. Läuse, Bäuche, Träume, Sträucher, Häute, Mäuse, Bäume, Schläuche.
4. Mäuschen, Läuschen, Schläuchlein, Bäumchen, Fräulein, Bäuchlein, Mäuerchen.

Seite 22
2. 1. Heu; 2. Zeug; 3. Kreuz; 4. Seuche; 5. Scheune; 6. heucheln; 7. Schleuder.
3. seufzte, keuchend, streute, verscheuchte, verleumdet, vergeudet, geleugnet, geheuchelt, seufzte.

Seite 23
1. **Mailand, Kairo, Kaiman, Mainau, Maikäfer, Taiga, Taifun, Waise, Saite, Kaiser, Thailand.**
2. **Main - Fluss; Mais - Getreide; Kai - Hafenmauer/Name; Hai - Fisch; Hain - kleiner, lichter Wald; Laich - Fisch- und Froscheier; Laie - Nichtfachmann.**

Seite 24
1. Eile, Weile, Zeile, Meile; Geige, feige; Weide, Heide, Seide; Leim, Reim; Teich, weich; rein, Rhein.
2. schrieb, wies, schrie, trieb, stieg, schien, rieb, blieb.
3. du wiesest, du schriest, du triebst, du stiegst, du schienst, du riebst, du bliebst.

Seite 25
1. gelobt, geliebt, geglaubt, gelebt, geerbt.
   An dem Infinitiv (Grundform).
2. lieben, glauben, leben, erben.
3. du schraubst, du gibst, du schiebst, du schabst, du schwebst.
4. schieben, erben, kleben, rauben, weben, lieben, erlauben, leben.
5. abschieben, abbiegen, abgeben, abblenden, ablegen, abblasen, abweisen.

Seite 26
2. Alp, Raps, Haupt, Kapsel, Stöpsel, September.
3. hopsen, stülpen, knipsen, schnappen, zirpen, pumpen.
4. p-/p- : passen, platzen, prüfen, Papier, prügeln;
   -p-: klopfen, Kapuze, Kasper, Papier, Knirps;
   -p : plump, Tipp, knapp, schlapp.

Seite 27
1. Freund, Freunde; Abend, Abende; Bart, Bärte; Band, Bänder; Wald, Wälder; Land, Länder; Flut, Fluten; Bad, Bäder; gesund, gesünder; Hund, Hunde; hart, härter; laut, lauter; Lied, Lieder.
2. Abend, Bad, Band, Bart, Flut, Freund, gesund, hart, Hund, Land, laut, Lied, Wald.
3. gehend, laufend, strickend, schreibend, lachend, singend.
5. jede, laden, edel, Made, Gedanke, Mädchen, Leder, Idee, Mode, öde.
7. geht, Geld, Peter, wird, alt, Wirt, bestellt, Rotwein, Heute, ist, kalt, Bald, wird, die, uralte, Stadtwald, gefällt.

Seite 28
1. wissentlich, öffentlich, eigentlich, ordentlich, wöchentlich, gelegentlich.
2. anstatt, stattfinden, statthaft, Statthalter, stattlich, Werkstatt.

Seite 29
1. Kranich, lustig, mehlig, Pfirsich, Ludwig, Käfig, Rettich, Enterich, Predigt, nötig, Teppich, es regnet, Macht, er rechnet, Hecht, Essig, Dickicht, Zwerg, Kuchenteig, Zwerchfell, allmählich, Ereignis, Magd, Honig, Fischteich.
2. g: mehlig, Ludwig, der Käfig, die Predigt, nötig, es regnet, der Essig, der Zwerg, der Kuchtenteig, das Ereignis, die Magd, der Honig;
ch: der Pfirsich, der Rettich, der Enterich, der Teppich, die Macht, er rechnet, der Hecht, das Dickicht, das Zwerchfell, allmählich, der Fischteich.
4. nagt, Nacht; fragt, Fracht; Licht, liegt; flucht, Pflug; Zwerg, Zwerchfell.
5. sie steigt, er siegt, sie biegt, er schweigt, sie zeigt, er bricht, sie schleicht, er reicht, sie streicht, er spricht, sie zeichnet.
6. Z.B. Flugzeug, Steigung, Sieg, Biegung, Schweigepflicht, Zeigefinger, Bruch, Schleichkatze, Reichweite, streichfähig, Sprache, Zeichnung.

Seite 30
1. eckig, kräftig, kugelig, listig, mehlig, eisig, windig, sonnig, zornig, traurig, dunstig, mutig, schwindelig, prächtig.
2. glücklich, mütterlich, herzlich, herrlich, feindlich, freundlich, verdrießlich, brüderlich, schwesterlich, königlich, väterlich.
3. Wie ein Mensch sein kann: listig, eisig, traurig, mutig, schwindelig, zornig, kugelig, gemütlich, mütterlich, glücklich, herzlich, feindlich, freundlich, verdrießlich, brüderlich, schwesterlich, königlich, väterlich, prächtig.
Wie das Wetter sein kann: eisig, prächtig, dunstig, windig, freundlich, sonnig, herrlich.

Seite 31
1. du singst, er singt; du springst, er springt; du verlangst, er verlangt; du hängst, er hängt; du zwingst, er zwingt; du klingelst, er klingelt.
2. der Gesang, der Sprung, das Verlangen, der Hang, der Zwang, der Klang.
3. du schenkst, er schenkt; du trinkst, er trinkt; du lenkst, er lenkt; du zankst, er zankt; du tankst, er tankt; du dankst, er dankt.
4. das Geschenk, das Getränk, die Lenkung, der Zank, der Tank, der Dank.
5. sinkt, singt, hinkt, hing, schlanke, Schlange, Zange, zanke, dringt, trinkt.

Seite 32
1./2.
F-/f-: flink, Feder, froh, Fenster, frech.
-f-: Sofa, schlafen, Brillenfabrik, taufen, Heft, Saft.
-f : steif, scharf, Schaf, darf, elf, Wolf, auf, schief, schlief.
3. Mikrofon, Fotograf, Delfin, Telegraf, Fantasie.
4. Pfeil, feilt, fährt, Pferd, fad, Pfad.

Seite 33
1. Alphabet, Strophe, Prophet, Asphalt, Philipp, Pharao, Physik, Phantasie, Philosoph.
2. Phase – phasenweise; prophezeien – Prophezeiung; asphaltieren – Asphalt; Delphin – Delphinschwimmer; physikalisch – Physikerin.
3. Prophet, Asphaltstraße, Delphinarium, Physik.
4. Fantasie, Delfin, Delfinschwimmer.

Seite 34
1. Schnupftuch, Dampfkessel, Schlupfwinkel, Knopfloch, Schimpfwort, Zupfinstrument, Topfdeckel, Sumpfgras, Strumpfhose, Trumpfkarte, Impfstoff.
2. schlüpfen, tropfen, pfeifen, schimpfen, pflügen, impfen, hüpfen.
3. Pflanzenkunde - pflanzen - Pflanzenfett; Pfeifenreiniger - Pfeife - gepfiffen; pflichtbewusst - gebührenpflichtig - Pflicht; Pfeffermühle - pfeffrig - Pfeffer.

Seite 35
1./2.
V/v wie f gesprochen: Vater, viel, verlaufen, Volk, voll, Vers, Vetter, Vogel, Veilchen, von, vier, Nerv, brav, vorschlagen;
V/v wie w gesprochen: Klavier, Violine, Ventil, Sklave, November, Kurve, Vase, Vulkan, Lokomotive, Pulver, Advent, Venedig.

Seite 36
1. 15.
3. Quiz, Qualm, Qualle, Quadrat, Quartier, Querflöte, Querstraße.
4. quicklebendig, Quatsch, Quelle, Quirl, Quittung, bequem, Qual, Querstraße.
5. quietschten, Quatsch, bequem, Quittung, erquickte(n).

Seite 37
2. Sirene, See, blasen, grasen, Nase, brausen, Lesebuch, weisen, Besen, lesen.
3. Für den stimmhaften s-Laut wird immer ein s geschrieben.
4. Haus, blass, Ausflug, fassen, reißen, Gras, nass, essen, Spaß, Preis, Vers, Los, Kuss, vergessen, Hans, das, Gans.
5. Der stimmlose s-Laut kann auf 3 Arten geschrieben werden: s - ss - ß.
6. niesen - er niest, er nieste, geniest; blasen - er bläst, er blies, geblasen; reisen - er reist, er reiste, gereist; brausen - er braust, er brauste, gebraust; lesen - er liest, er las, gelesen.

Seite 38
1./2./3.
Essig, Wasser, Flosse, fassen, essen, befassen, Rosse;
Klasse, Gasse, Tasse, Masse;
Brüssel, Rüssel, Schüssel, Schlüssel, Sessel, Kessel, Fessel.
4. kurz.
5. fassen, fasst, Gefäß, essen, aß, isst, messen, misst, Maß, fließen, fließt, Fluss, beißen, beißt, Biss, schließen, schließt, Schluss, reißen, reißt, Riss, schießen, schießt, Schuss, gießen, gießt, Guss

Seite 39
1./2.
genießen, genoss, genossen; beißen, biss, gebissen; schießen, schoss, geschossen; gießen, goss, gegossen; reißen, riss, gerissen; schließen, schloss, geschlossen.
3./4.
Grüße, Gruß; Spieße, Spieß; Flöße, Floß; Stöße, Stoß; Gefäße, Gefäß; Maße, Maß; Sträuße, Strauß; Füße, Fuß; Späße, Spaß; Klöße, Kloß.

Seite 40
2. Anfang; Mitte; Ende.
3. st (wie scht gesprochen): Stirn, Stange, Streit, Straße, Start, Stimme, steif, Stern, Stube, Strich, stopfen, Stall, streicheln, still, stören, Stunde;
st (wie s-t gesprochen): erster, Herbst, fest, Ostern, Brust, Husten, am schlimmsten, hasten, Gast.
4. gießt, verreist, Hast, hasst, reißt, saust, bläst, grüßt, liest, ließ.
5. du liest, du hältst, du rufst, du gehst, du schreibst, du hustest, du öffnest, du leugnest.

Seite 41
2. am Anfang wie schp, in der Mitte wie s-p.
3. Spielwaren, Spielfeld, Spielzimmer, Spielkarten, Spielfilm, Spielkamerad, Spielstraße, Spielplatz. Kartenspiel, Kinderspiel, Ratespiel, Fragespiel, Wettspiel, Tanzspiel, Fernsehspiel, Ballspiel.
4. räuspern - räus-pern, verhaspeln - ver-has-peln, Knusperhäuschen, Knus-per-häus-chen, Wespe - Wes-pe, knuspern - knus-pern, Gospel - Gos-pel.

Seite 42
1. Das Anleinen von Hunden ist erwünscht. Das Füttern der Tiere ist verboten. Das Verlassen der Wege ist untersagt. Das Verstellen der Tische ist nicht erwünscht. Das Abpflücken von Blumen ist nicht erlaubt.
2. Aufräumen, Einkaufen, Fallen.

Seite 43
1./2
das Quietschen der Räder der Koffer, das Hupen der Gepäckwagenfahrer, das Pfeifen des Stationsvorstehers, das Bremsen der Züge, das Schimpfen der Mütter, das Weinen der Kinder.
3. Sie sind müde vom vielen Warten auf Bahnhöfen, vom häufigen Tragen ihrer Koffer, vom sich Unterhalten mit anderen Fahrgästen, vom vielen Lachen und vom Stehen in den Zuggängen.
4. Probieren, Studieren, Reisen, Wandern, Spielen, Lachen, Lesen, Schreiben.

Seite 44
1. Der Klügste gibt nach. Der Reiche sollte den armen Leuten helfen. Die Einsamen sollten sich mit anderen Menschen treffen. Der Gesunde braucht keinen Arzt. Der Blinde braucht oft Hilfe.
2. Schönes, Lustige, Fremdes, Erfreuliches, Aufregendes, Spannendes, Unterhaltsames, Ärgerliches, Unangenehme, Schöne.
3. viel, manches, mancherlei, wenig, nichts, etwas, viel, allerlei, einiges, alles.
4. Nach den Wörtern alles, allerlei, einiges, etwas, manches, mancherlei, nichts, viel und wenig werden Adjektive großgeschrieben.

Seite 45
1. Robin-Hood-Festspiele
Ritterspiele und Turniere wie zu Zeiten des bekannten Gesetzlosen gehören zu den Höhepunkten der 4. Robin-Hood-Festspiele in Nottingham vom 28. bis 31. Oktober. Tagsüber werden auf dem Gelände des Nottingham Castle unter anderem Jongleure, Hofnarren, Falkner, Bogenschützen und Minnesänger zu sehen sein. Für 1500 Zuschauer wird eine Tribüne errichtet. Der Eintrittspreis für die abendlichen Veranstaltungen beträgt umgerechnet etwa 9 Euro.
2. 12.
3. das Robin-Hood-Festspiel, das Ritterspiel, das Turnier, die Zeit, der Gesetzlose, der Höhepunkt, der Oktober, das Gelände, das Nottingham Castle, der Jongleur, der Hofnarr, der Falkner, der Bogenschütze, der Minnesänger, der Zuschauer, die Tribüne, der Eintrittspreis, die Veranstaltung, der Euro.
4. die vierten, vom achtundzwanzigsten bis einunddreißigsten, eintausendfünfhundert, neun.

Seite 46
1. In den Ferien gingen Jan, Niklas und Katrin oft zum Spielen in den Wald. Das Klettern und Balancieren auf den gefällten Baumstämmen machte ihnen besonders viel Freude. Der hohe Farn war zum Verstecken gut geeignet. Die Jungen bekamen nicht genug vom Herumschleichen durch den hohen Farn, Katrin hatte dagegen mehr Freude am Bauen eines kleinen Baumhäuschens zwischen den dicken Baumwurzeln. Die Jungen halfen ihr beim Suchen von Baumrinden, Tannenzapfen und Moos, das sie für das Häuschen brauchte. Während des Sammelns kam den Kindern die Idee, ein großes Baumhaus in der alten Eiche zu bauen. Für das Planen und Bauen würden die Ferien wohl gerade reichen.
2. Führung, Wildheit, Wildnis, Gelegenheit, Endung, Einsamkeit, Vergangenheit, Heiterkeit, Fröhlichkeit, Finsternis, Ergebnis, Ergebenheit, Ergebung.

Seite 47
1. lang-sam, schla-fen, Son-nen-blu-me, Wa-gen, mau-se-tot, auf-ge-regt, See-ad-ler.
2. Frö-sche, Sa-phir, as-phal-tie-ren, A-po-the-ke, We-cker, Stro-phe, Zi-ther, ni-cken, Tri-ath-lon, Zel-lo-phan, Dis-ko-thek, wa-schen, Vi-de-o-thek, täu-schen, Al-pha-bet, As-phalt, ma-chen.

Seite 48
1. Schritt-tem-po, Schiff-fahrt, Bett-tuch, Fluss-sand, Werk-statt-tür, Schiff-fracht, Stall-la-ter-ne, Bal-lett-trup-pe.
2. Idee, das, Igel, links, aber, ob, der, rechts, Hand, Opa, am, Uhu, und, laut.
3. Fens-ter, Sei-fe, le-sen, Gän-se, Bü-cher, Kom-ma, an-ders, ma-chen.

Seite 49
1. Endlich Ferien! Rico war glücklich. So lange hatte er darauf gewartet! Er warf die Schultasche unter das Bett. Er würde sie jetzt fünf Wochen lang nicht mehr ansehen. Oder waren es sogar sechs Wochen? Na egal, auf jeden Fall sehr lange. Morgen fährt er erst einmal für eine Woche zu Oma. Ob die sich schon freut? Bestimmt! Rico freut sich auch. Besonders neugierig ist er auf Wolke, Omas neuen Kater. Hoffentlich kratzt er nicht! Viel Spaß, Rico!
2. Ina und Markus gehen auf die Kirmes. Dort gibt es viel zu sehen. Sollen sie auf die Wasserbahn gehen? Die sieht ja toll aus! Wie die Wagen durch das Wasser sausen! Herrlich! Aber Markus möchte lieber erst einmal alles anschauen. Vielleicht gibt es noch mehr Schönes, was nicht so teuer ist wie die Wasserbahn. Wie wäre es mit dem Kettenkarussell? Hier kann man so herrlich durch die Luft fliegen. „Sollen wir?", fragt Markus. „O ja!" Und so fliegen die beiden wie Vögel im Kreis herum, bevor sie lachend zur Riesenrutschbahn laufen.

Seite 50
1. Susi ruft: „Petra, geh mit uns ins Schwimmbad!"
Kai fragt: „Kann ich heute Nachmittag zu dir kommen?"
3. „Klaus, kommst du mit uns?", fragt Uli.
„Nein, ich habe keine Zeit", antwortet Klaus.
„Du hast auch nie Zeit!", ruft Uli.
4. „Stimmt", flüstert Anne, „das war die Melodie."
„Richtig", entgegnete Mark, „die habe ich auch schon gehört."